航天工程大学“双重”建设项目

太空战略评估

丰松江 / 王勇平 / 朱 敏 / 孙 龙◎编著

时 事 出 版 社
北 京

主　编　丰松江　王勇平　朱　敏　孙　龙

编写组　何　苗　唐关翠　刘　珺　常　壮　王田田
赵志勇　李　丽　张　杰　郭晋媛　周思卓
林屹立　昝现亮　龚　艺　康金鑫　蔡开元
李　奇　霍元彤欣　何泽航　高　波

目　录

绪　论

习近平总书记指出:“探索浩瀚宇宙，发展航天事业，建设航天强国，是我们不懈追求的航天梦。”中国始终把发展航天事业作为国家整体发展战略的重要组成部分，始终坚持为和平目的探索和利用外层空间。

“度之往事，验之来事，参之平素，可则决之。”自古以来，评估一直是人们认识和把握事物或活动价值的一种行为。评估是为了决策，是科学决策的前提，是科学决策中的一项基础性工作。科学评估引领科学决策，科学决策引领科学发展。

面对新的国际战略形势，伴随航空航天技术的快速发展和广泛应用，太空领域的战略价值日益凸显，已成为大国战略竞争和高端战争的制高点。当前，太空领域正在经历一系列重大变化。越来越多的国家和商业行为体参与到太空开发和利用中来，在给人类社会进步与发展带来更多创新和利益的同时，太空呈现出发展与竞争交融、合作与对抗并存、力量格局错综复杂、军事化发展日新月异的复杂局面，太空安全与发展的不稳定性骤增。

太空战略评估旨在在太空安全领域态势信息急剧膨胀、信息关联错综复杂的大趋势下，瞄准世界航天发展前沿，以建设航天强国、维护太空安全国家战略需求为牵引，以网络化、信息化、智能化技术综合集成应用为支撑，探索研究太空战略评估理论方法，构建主要国家太空实力评估、突发或重大太空安全事件影响评估、太空安全战略态势评估等内容体系，开展太空战略评估实践，为太空态势研判、战略决策、规划制定、危机管控等提供支撑，为推动空间科学、空间技术、空间应用全面发展提供支撑，为服务国家发展大局、在外空领域推动构建人类命运共同体、促进人类文明进步做出积极贡献。

战略评估是一个涉及多学科交叉的领域，太空战略评估属于新兴专业方向。从战略评估的概念内涵看，主要是对某一领域战略活动进行综合评价并做出相应评估结论的过程，包括战略需求评估、战略能力评估、战略风险评估和战略效果评估等。与之不尽相同的是，本书重点是围绕太空领域相关问题开展战略层次的评估研究，主要目的是研究分析太空战略评估相关的基本理论方法，重点从主要国家太空实力评估、太空安全综合短板弱项评估、太空事件（行为）影响评估、太空战略态势评估、太空战略智能化评估等方面，探索研究相应评估内容、指标体系设计、评估模型与方法，并进行案例分析，以较系统地探讨太空战略评估问题，尝试构建太空战略评估理论框架、方法体系，为持续提升科学认知太空能力、自由进出太空能力、高效利用太空能力、有效治理太空能力提供一个战略评估研究的方法路径。

太空战略评估研究是开放的，评估的模型方法、对评估对象的认识、评估指标体系的构建等都是需要不断迭代优化的，同时，太空战略评估受观念、认知、群体、文化以及其他主观性和根深蒂固的因素的影响，需要不断地深化研究和应用实践。本书是航天工程大学“双重”建设项目，力求为广大读者提供一个对太空领域主要国家实力对比、重大太空安全事件影响、太空安全综合态势等进行跨学科和战略层次分析研判的视角和框架，还有许多需要持续深化研究的问题。在成书过程中，编写组得到了许多领导、专家、学者的支持，在此深表感谢。由于我们学识有限，不妥之处在所难免，敬请读者批评指正！

编写组

2022 年 7 月 3 日

第一章　概述

太空是指地球稠密大气层以外的宇宙空间，通常认为其下界距地面高度约100千米，又称外层空间，简称外空。随着航天技术的快速发展和广泛应用，太空成为人类文明和社会进步的新领域，成为大国战略竞争和高端战争的制高点。顺应太空领域发展大势，加大经略太空力度，应对太空威胁挑战，已成为维护国家安全和发展利益的重要战略选择。凡事预则立，不预则废；知己知彼，审时度势。太空战略评估，在乎当下，关乎未来，既是经略太空的基础和前提，更是经略太空不可或缺的关键环节，可为因时而动因势而变经略太空提供重要方向认知和决策依据。

第一节　评估

评估反映了人类社会的本质特征，是人类推理和逻辑当中最重要最复杂的认知过程。评估是一个含义比较宽泛的概念，最根本的作用是认知、监督、促进和证明。早在古代，人们就有了朴素的评估意识和评估思维。我国春秋战国时期著名的谋略家、纵横家鬼谷子在其著作《鬼谷子·决篇》里提到的“度之往事，验之来事；参之平素，可则决之”，核心理念即是通过评估往事和平日事做出决策，这体现了典型的评估思维。具体而言，即认真研究以往的事，用过去经验做参照，细心预判未来的事，对未来趋势加以判断，同时参考日常发生的事，经过综合研判，就可做出决策或决断。①

评估较早的含义与其名称的拉丁文起源相关。评估（Evaluation）一词来源于拉丁文中的“Valor”（价值）和前缀“e”以及“ex（来源）”的组合，从拉丁文的拼写中可知，从某事中获得价值，就是进行评估。② 如上所述，“评估”按其字面意思理解，是评价和估计的合称，本质在“评”与“估”。“评”即评价，是对事实的价值进行定量或定性的评定；“估”即估计，则侧重于对事实发展趋势的估计、估量和判断，是对事物做大致的推断。“评”与“估”合二为一即为评估，核心是根据特定的目的和信息，对某一事物的价值和走势进行定性和定量评定推断的过程；是对所研究对象或系统的某个属性给予度量，并在此基础上进行判断。其中，度量是按共同尺度进行数量计算和比较，其方式是客观的；判断是对不能量化因素所做出的定性估计，其方式是主观的。因此，评估是把客观的度量和主观的判断结合起来的一种综合性活动，如威胁评估、作战效能评估、方案评估等。③

美国《评估词典》（*Evaluation Thesaurus*）中，评估泛指决定某个对象好坏、优劣以及价值几何的过程，或者是这个过程的结果。美国学者格朗伦德（N. E. Gronland）提出，评估即评价、估量、测算，是对有关政策进行评估和论证，以决定是否采纳或检验其执行效果。评估 = 量（或质）的记述 + 价值判断。“量（或质）的记述”就是我们常说的对事实的描述，“价值判断”就是在事实描述的基础上，根据一定的标准做出的判断。④ 国内相关学者也对评估的含义开展了相关研究。评估是由特定的组织或个人（评估主体）对指定的

---

① 习近平. 在党史学习教育动员大会上的讲话. 求是，2021（7）.

② ［德］赖因哈德·施托克曼等著，唐以志译. 评估学. 北京：人民出版社，2012.

③ 马亚龙，邵秋峰等. 评估理论和方法及其军事应用. 北京：国防工业出版社，2013.

④ 张国庆. 公共政策分析. 上海：复旦大学出版社，2004.

对象（评估客体），依据某种目标、标准、技术或手段（评估度量尺度），按照一定的程序和方法（评估方法），进行分析、研究、比较、判断、评估和预测其效果、价值、趋势或发展的一种活动（评估活动），是人们认识、把握事物或活动的价值或规律的行为，并在此基础上形成评估结论。①

进一步理解，评估的要素组成主要有七个部分：一是评估目的。必须要有明确的评估目的，这是评估工作的根本性指导方针。对某一事物开展评估，必须要明确为什么要评估，评估事物的哪一方面（评估目标），评估的精确度要求如何等。二是评估主体。评估主体是指对所研究对象的价值有能力做出判断的个人或集体。其主要责任在于明确目的、提出问题，规定评估总任务和总需求，确定评价判断准则。评估主体是评估的发起者，直接决定评估目的。评估主体的选择至关重要和关键，对评估的质量和可信赖程度造成极大影响，从而直接影响评估活动自身的价值。三是评估对象。评估对象即评估客体，其准确界定是整个评估活动的基础，也就是被评估的人或事物，通常是同类事物（横向）或同一事物在不同时期的表现（纵向）。四是评估指标。指标是指根据评估的对象和目的，能够确定地反映评估对象某一方面情况的特征依据。每个评估指标都是从不同侧面刻画对象所具有的某种特征。五是权重。相对于某种评估目标，评估指标之间的相对重要性是不同的。评估指标之间的这种相对重要性大小可用权重来刻画。指标的权重，是指标对总目标贡献程度的体现。六是评估方法。评估方法是在评估理论指导下进行具体评估采取的途径、步骤、手段等，是通过一定的数学模型等将多个评估指标值合成为一个整体性的综合评估值。评估方法一般分为定性方法、定量方法和定性定量相结合的方法。七是评估结果。

① 李志军．第三方评估理论与方法．北京：中国发展出版社，2016.

评估结果是评估活动产生的结论，依据评估结果进行决策。[1]

综上，评估，即评价估量，也指评价、品评，意为对评估对象进行评估和论证，是评估主体对评估客体价值大小的评价、判断、预测，是人们认识把握事物规律或活动价值的主观行为。按不同方法，评估可划分为不同种类。根据评估对象，可划分为三类：一是对物的评估，主要是评估物的价值大小或优劣；二是对人类活动的评估，主要是评估活动绩效、工作成果的好坏、高低；三是对事物现状、发展趋势的评估，既包括对组织或个体行为现状、趋势的评估，也包括对某一领域现状、发展趋势的评估，这类评估主要是评估客体的趋势与走向，以便做出最佳选择与判断。评估作为管理活动的重要环节和支撑决策的重要手段，在很大程度上影响决定着某一行业、领域、事物等建设和发展的方向。科学有效的评估，是推进高层决策科学化、民主化的主要途径，对增强决策科学性、提高发展质量效益具有重要作用。

第二节　战略评估

“战略”一词来源于军事，既是科学也是艺术。克劳塞维茨认为，战略是为达到战争目的而对战斗的运用。[2] 二战后，随着军事领域与其他领域的联系日益密切，“战略”一词开始在其他领域使用，出现了安全战略、经济战略、政治战略、文化战略等概念。战略的本质涉及目标、资源与环境三个方面，战略要成功，必须保持目标、资源与环境三者之间协调均衡。战略包括战略制定、战略实施、战

---

① 马亚龙，邵秋峰等．评估理论和方法及其军事应用．北京：国防工业出版社，2013.

② 克劳塞维茨著，中国人民解放军军事科学院译．战争论（第一卷）．北京：商务印书馆，1997：175.

略调整三个环节。

战略评估是战略科学性的体现，不仅是战略管理的重要组成部分，更是指导战略规划制定的重要决策依据，是反映战略实施效果的科学度量。战略评估是以战略三环节为主要对象，可以分为战略决策评估、战略实施评估、战略绩效评估三种类型。[①] 一是战略决策评估，即对战略制定过程进行评估，包括战略环境评估和战略方案评估。战略环境评估是对面临的内外环境进行分析，确定威胁来源、优势和劣势，以及有利时机等。战略方案评估是对制定出的战略计划和方案的价值性、可行性、风险性等进行评估，选择最优方案。二是战略实施评估，即对战略执行程序和过程进行评估，包括对分支战略（比如安全战略所包含的经济安全战略、政治安全战略、文化安全战略等）进行评估，业务战略（比如公司的营销战略、生产战略、宣传战略等）进行评估等，以确定总体的目标、资源和环境三者之间的协调状况，是战略控制的一种重要方式。三是战略绩效评估，即对战略实施结果进行评估，包括战略效果评估和战略效率评估。战略效果评估是指通过比较战略实施的结果与战略目标，衡量战略实施达成战略目标的程度。战略效率评估是指比较战略收益与成本之间的情况。需要指出的是，在战略学界特别是军事战略领域，对战略效率的评估历来有两种不同的观点：一种观点以克劳塞维茨为代表，强调要不计成本地达成战略目标。另一种观点以李德·哈特为代表，强调达成战略目标，要对目标与手段之间做精确计算，要合理地节约兵力。

战略评估古已有之，人类自有战争之日起，就有评估，就出现了战略评估活动。《孙子兵法》中提出的“校之以计而索其情”，克劳塞维茨《战争论》中提出的“进行战争必须考虑敌我双方的政治

① 周丕启．大战略评估——战略环境分析与判断．北京：时事出版社，2019.

目的、敌我力量和各种关系、敌我政府和人民特性、敌我能力、其他国家政治结合关系及战争可能对它们造成的影响等”，即是早期战略评估思想的精华。伴随人类长期的军事斗争实践产生和发展，战略评估对战略活动实施发挥了重要的科学指导作用。

战略评估是战略筹划的前提。冷战结束后，战略评估已经成为一种世界性潮流，有学者甚至称“评估时代到来”。[①] 世界大国无不对本国的各种战略包括国家安全战略、国防战略、军事战略等进行评估。美国是当今世界上进行战略评估最频繁国家的典型代表。先后出台了多份战略评估报告，比如《四年防务评估报告》《核态势评估报告》《中国军力评估报告》等，《国家安全战略报告》、年度《国防报告》等也涉及战略评估问题。其他国家如俄罗斯、日本、北约国家、印度、澳大利亚等，也高度重视战略评估在国家安全战略、国防战略、军事战略制定和实施中的重要作用。1977 年，美国前中央情报局副局长克莱因在《世界权力的评估》中提出了“国力方程”，用量化的方法对国力进行评估分析，代表了系统方法在战略评估中应用的典型案例。他认为，一个国家的国力主要由五个要素构成：基本实体（Critical Mass，人口和领土），经济能力（Economic Capability），军事能力（Military Capability），战略意图（Strategic Purpose），贯彻战略的意志（Will to Pursue National Strategy）。国力方程 $P=(C+E+M)(S+W)$。他对每项要素提出量化标准，并据此对 1975 年、1977 年和 1978 年一些主要国家的国力进行了评估。

20 世纪 80 年代至今，战略评估出现了三种趋向：

一是部分学者继续推行战略评估的量化方法，但量化的对象更加具体，更有针对性和动态性，其代表是近年来在美国战略学界影响比较大的“净评估”。“净评估”的核心是排除假象和虚象、干扰

---

① 埃贡·古贝等著，秦森等译．第四代评估．北京：中国人民大学出版社，2008：1.

因素和次要因素之后，运用比较分析方法，对国家（地区）军事和安全领域问题进行多学科分析，目的是分析判断与竞争对手之间的不对称性。该理论提出的评估指标更为集中，针对性更强。“净评估”内容不全是量化，但以量化为基础，量化更具有针对性。“净评估”是美国国防部自主开发与长期应用的一种全面考察和深度掌握动态平衡的、多领域因素的比较分析方法，也是一种从定性到定量、再回到定性的综合集成研究方法。由于它重点关注和主要诊断的是两个或两个以上实体（敌我双方及其盟友）之间交互作用的状态，尤其是它与战争和作战的竞争性/对抗性特征一致，能为国防和军队建设、军事斗争准备“做体检”，以及时发现或确认各领域、各层次的竞争性/对抗性问题与机遇，因而在美国和北约国家，以及日本、印度、以色列、澳大利亚等国家倍受推崇。①

二是对过分量化的纠正，开始重视价值、观念、制度等主观因素的作用。过分专注和强调量化分析导致了严重的结果，致使那些难以量化的要素被忽视，像动机、希望、仇恨、勇气等这些无形的东西就无法用数据衡量。麦克纳马拉在回忆录中总结越南战争失败的原因时就承认：“我们没能认识到现代高科技武器的局限性和能高度激发人民运动的政策的作用。”比如综合国力的评估，阿什利·泰利斯等认为传统的方法——克莱因国力方程式存在两个方面的不足：首先，是传统方法聚焦于国家排序，提出了解释全球实力分配的“广泛”而非“细致”的画面，无法对具体目标国家予以详尽分析。其次，在描述政府能力时，大多数传统指标没有将“质性”因素纳入其中，而后者可能是最重要的变量。阿什利·泰利斯等提出了衡量国家实力的三类要素：国家资源、国家绩效和军事能力。国家资

---

① 安东尼·H. 科德斯曼．中国军事现代化及军力发展战略评估．知远战略与防务研究所编译，2016.

源和军事能力包含了许多可量化的指标，而国家绩效中的观念资源难以量化，但作用不容忽视。20 世纪 70 年代初，美国国防部发展出“政治军事模式”，包含许多非定量性的变量，弥补之前仅重视可量化武器硬件评估的不足。

三是强调不仅仅要对事实进行描述或测量，还要做出价值判断和工具判断。维克斯认为，完整的评估系统包括事实判断、价值判断和工具判断。事实判断是指关于“是什么”或“可能是什么”的判断；价值判断是指“应当是什么”或“不应当是什么”的判断；工具判断则是指减少“是什么”与“应当是什么”之间不匹配情况的最佳手段的判断。事实判断主要是说实话、摆事实，“是什么就说什么”或“顺其自然”，评估者没有道德义务对评估中所显示的内容或结果的使用情况负责。但现实的情况是，战略评估要发挥真正的决策作用，就不能仅仅满足于对现状做出“描述”或“测量”，还需要提出“理想状况”，并指出“现状”与“理想”之间的差距以及缩小差距的战略性方法，即所谓的价值判断和工具判断。

以美国、俄罗斯为例，美军全球部署、全球用兵，战略管理难度极大，其决策、指挥和行动都依赖评估，支撑战略创新与平稳运行的一个重要原因，就是拥有灵敏高效的战略评估机制与完善的战略评估体系，特别是拥有相对稳定的专业队伍、比较先进的支持系统、详实可靠的信息数据、清晰明确的框架流程、丰富多彩的评估理论和切实管用的法规制度。[①] 美国《四年防务评估报告》即属于战略评估报告，主要包括安全环境现状评估、军事力量现状评估、未来防务战略及对军事力量要求的评估、缩小现状与未来防务战略要求之间差距的建议。其中，安全环境现状评估、军事力量现状评估是事实判断；未来防务及对军事力量要求评估是价值判断；缩小

① 易本胜，邢蓬宇．浅析美军战略评估机制．军事文摘，2016（9）．

现状与未来要求之间差距的战略性建议则是工具判断。《四年防务评估报告》是将事实判断、价值判断和工具判断三者有机结合的战略评估之典型。这也说明，净评估虽然强调诊断，不提出建议，但美国官方和民间发布的多份净评估报告，还是提出了对策建议。

俄罗斯军事战略评估始于20世纪90年代，经过多年的发展，俄军逐步建立了军事战略评估组织领导体系、法律法规体系和评估项目体系，并遵循定期研判、咨询论证、审议鉴定等一整套评估程序机制，形成了具有鲜明俄罗斯特色的军事战略评估制度。① 例如，为建立国家安全状态衡量标准，俄罗斯建立了一套国家安全状态标准和参数体系，增强了评估的操作性。俄罗斯也十分重视国家安全保障理论研究，其科学院、战略研究所、智库等国家智囊机构在国家安全、对外政策等领域对国家决策有重要影响。

在战略评估的研究方法方面，随着计算机技术的发展，战略评估呈现出定性和定量相结合、静态和动态相结合的特点，出现了适应不同评估任务的战略评估系统，与战略评估理论与技术的发展相辅相成。随着战略评估理论与实践的不断丰富，战略评估已经成为战略研究与战略决策的基础性工作，是运用科学的评估方法和工具，对国家安全与国家利益全局性问题、战争与军事全局性问题、相关战略活动等进行定性定量相结合的客观、专业、全面的衡量比较和综合评判，并作出相应评估结论，为进一步研究和确定战略对策和措施提供认知依据的过程。②③

在战略评估中，动态评估比静态评估更接近真理，按动态对抗建立评估过程，从动态变化中预估结局、寻求结论，是战略评估理论发展的必然趋势，动态评估的重点是把握对抗变化的内涵，特别

---

① 韩喆．俄军战略评估的体系构成、运行机制及主要特点．外国军事学术，2016（5）．

② 肖天亮．战略学．北京：国防大学出版社，2020.

③ 周华任，王俐莉，穆松．战略评估的内容与方法．海军学术研究，2016（7）．

是对抗的背景、对于评估对象不断变化的过程并依据这种变化，通过适当调整评估指标的方式完成整个评估过程。

综上，战略评估的概念内涵包括了狭义和广义两个方面。从狭义上讲，战略评估是对战略的制定或实施效果等进行的综合评价和估量，是有计划的行为。从广义上讲，战略评估是系统和科学地对某一领域重大战略问题进行研判。战略评估围绕目标进行，战略评估的实现必须以实力和资源为条件，通过系统地分析和研究，对面临问题的性质、状况及其可能变化得出总体结论，为相关政策措施的制定提供决策支撑。在国防领域，战略评估主要是面向军事斗争、准备力量建设与运用的重大现实性战略问题开展评估工作，为科学制定相关领域的战略、推进战略的顺利实施等提供支撑。

战略评估是一种理论研究手段，通过运用相应的评估方法，对影响战略活动全局发展的各种因素及其相互间的关系进行全面系统地分析，确定全局发展的规律性特征或具体问题的属性状态，把握发展趋势，了解矛盾变化的内部关系，从而得出有价值的判断。在信息化智能化条件下，战略评估的地位作用日益突出，是战略指导不可缺少的重要内容，是检验战略优劣的基本途径，是保证合理、有效配置资源的基础，是决定战略延续或调整的主要依据。

第三节　太空战略评估

当前，太空已成为大国战略竞争和未来高端战争制高点。对太空领域开展战略评估，紧紧围绕太空领域国家安全与国家利益全局性问题、战争与军事全局性问题、相关战略活动等进行定性与定量相结合的综合评价，既是认知和解决当前问题的迫切需求，更是科学推进太空领域安全与发展的必要举措，可为进一步研究和确定太空安全与军事战略对策措施提供认知依据，对建设航天强国、维护太空安全、推动太空领域人类命运共同体构建等具有重大意义。

鉴于太空领域的重大战略价值，考虑战略评估之于国家利益和决策与规划过程的重要性，探索研究新形势下太空战略评估理论方法、系统开展定性与定量相结合的太空战略评估，对于推动太空领域科学发展意义重大。太空战略评估涉及太空战略活动的全过程，是一个全新的研究领域。理解太空战略评估的概念内涵，可以从分析太空战略的基本定义入手。太空战略亦称空间战略，是筹划和指导航天技术、力量发展，对宇宙空间进行探索与利用的方针和策略。① 太空战略的主要研究内容包括太空战略目的与任务、太空战略方针和手段等，是筹划国家太空力量发展和运用的方略，是按照领域划分的战略，包括太空发展战略和太空运用战略。②

结合太空战略以及战略评估的定义，太空战略评估的核心要义包括两个方面：一是对太空领域战略全局性问题及其趋势的总体评估；二是对太空战略制定、实施及效果的综合性评估。比如，对太空领域国际博弈、军事竞争等战略态势，太空领域突发或热点事件影响，以及太空安全战略、重大改革举措、建设规划计划和重点建设项目等设计、实施和成效，进行考察、评价和估量。

太空战略评估作为太空这一新领域战略层次的评估，首先需要厘清“评什么”的问题，为建立太空战略评估理论框架、创新发展太空战略评估理论与实践奠定基础。就目前的认识看，太空战略评估的对象可主要包括太空实力评估、太空事件（行为）影响评估、太空战略态势评估等。太空实力评估是对一个国家的太空能力以及可以调动的其他与太空实力相关的资源等进行综合评估，包括太空

---

① 军事科学院．中国人民解放军军语．北京：军事科学出版社，2012.

② 陈杰生，王鹏，张清．太空军事运用战略构想．北京：国防工业出版社，2021.

政治实力评估、太空军事实力评估、太空科技实力评估、太空经济实力评估以及太空综合实力评估等，以了解一个国家太空综合实力位次、发展强弱、能力长短等信息，进而为明确发展方向与重点、固强补弱提供指导。太空事件（行为）影响评估主要是对太空安全领域突发或热点事件（行为）的影响进行分析研判，包括太空领域战略政策发布、技术装备研发、演习演训活动等影响评估，以分析太空安全事件对一个国家的影响程度，进而为应对处置筹划提供引领。太空战略态势评估主要是对当前太空安全领域呈现的某种状态和发展趋势进行分析研判，包括安全态势、发展态势、军事态势、战略风险等评估，以研判太空安全战略整体态势，进而为一个国家太空安全与发展战略制定标定战略环境与条件。此外，太空战略的制定、实施以及效果等评估，由于难以掌握相关信息，且应由专业部门负责，暂不作为本书重点内容。可见，太空战略评估，在时间上横跨过去、现在、未来三个阶段，回顾太空领域重大历史事件、归纳战略经验、全面总结复杂现状、预测未来发展趋势；在空间上，既宏观分析全球太空安全战略环境，也可对地区、国别进行特定分析；领域方面，对太空政治、太空经济、太空外交、太空军力、太空科技甚至航天产业的现状和未来趋势等做出评估。①

太空战略评估实施的程序一般包括以下九个步骤：一是需求分析。明确太空战略评估的目的和主要内容，评估目的是指评估预期能达到的目标，主要内容是指所要评估的问题、评估的相关领域以及评估的方法、工具等。二是前期准备。准备评估所需的数据、设备、环境等。三是确定评估目标。依据需求分析确定太空战略评估的任务，主要包括确定太空战略评估的具体问题及评估的具体目标。四是明确影响评估目标的因素。比如太空战略评估信息是否真实、

---

① 雷少华，李卓．对美国战略评估的再思考：理论与方法．国际论坛，2020（1）．

可靠、全面，围绕评估目的设定的评估指标和权重分配是否合理，太空战略评估算法是否有效等。此外，专家的分布和主观看法等也是需要重点考虑的因素。五是获取评估对象信息。依据评估目标确定的具体评估问题，确定评估对象。六是建立评估指标体系。根据评估的问题及目标，建立一套完整的太空战略评估指标体系，重点是把问题分解成若干个子问题及要素，这即是本书研究的重点之一。七是选择评估方法工具。根据评估的方法和模型，制作一系列专门用于太空战略评估的工具集，根据所选取评估问题、目的、指标体系等，从中选择合适的方法、模型和工具。八是评估结果分析验证。通过组织领域专家研讨或采用兵棋推演等方法，对评估结果进行分析、验证。九是评估结果反馈。太空战略评估的结果应及时反馈给指挥、决策和相关研究人员。

居安思危，未雨绸缪。基于上述认识，本书探索性地总结梳理太空战略评估基本理论与方法，并重点围绕主要国家太空实力、太空安全综合能力、太空事件（行为）影响、太空战略态势等评估对象，系统研究太空战略评估内容与分类分级、评估指标体系以及对应的评估模型与方法，以期为太空安全领域战略评估理论的创建发展提供参考，为有效防范太空安全风险、科学决策太空力量建设与运用提供支撑。

第二章　基本理论与方法

理论是概念、原理的体系，是对客观事物本质、规律性的认识；数据是评估的基础；方法是人们为了达到一定目的而进行的实践活动和理论方式，即解决问题的途径、程序等；模型是现实的简化，它是真实系统的缩影，为系统的设计提供蓝图。评估，即选取科学可行的评估方法，建立定量与定性相结合的评估指标体系，将评估目标科学合理地量化，并建立数学模型进行综合分析、客观准确评价的过程。太空战略评估作为一个全新的研究方向，其基本理论、数据、方法与模型研究，贯穿整个评估工作的始终，是推动太空战略评估向定性与定量相结合趋势发展的基本条件，是开展太空实力评估、太空事件（行为）影响评估和太空战略态势评估的基础依据，对于提升太空战略评估的理论性、方法性和科学性具有重要意义。

第一节　基本理论

太空战略问题复杂多变，不同的立场观点形成差异化的理论学说，高边疆理论、制天权理论、太空威慑理论和博弈论是四种典型的太空战略理论学说。理解太空战略基本理论，有利于分析太空战略评估对象影响因素，从而为制定合理的评估目的、指标体系、权重选择等提供支撑。

一、高边疆理论

“高边疆”理论是人类进入空间时代之后产生的军事战略理论，“高边疆”理论的提出对世界军事战略产生非常大的影响。“高边疆”理论产生的物质技术基础是20世纪六七十年代航天技术的迅速发展，政治背景是里根政府提出的“星球大战计划”。最先提出“高边疆”概念的是美国退役空军中将、美国安全委员会特种计划室主任丹尼尔·格雷厄姆。他认为，未来竞争的主要领域将围绕战略边疆的利用与控制展开，战略边疆指的是太空，“高边疆”理论的实质是太空战略理论。“高边疆”理论的提出是对以往传统军事战略在空间上的突破，将军事争夺的空间从地球转向太空。

这种理论认为，人类进入太空领域是历史的必然，正如该理论所说“我们发现，人类活动正有力地转向另一新的领域——‘宇宙公海’”，“纵观人类历史，那些最有效地从人类活动的一个领域转入另一个领域的民族，总能获得巨大的战略利益”。从当今世界来看，围绕太空领域战略空间而展开的角逐已经不是虚构的幻想和遥远的未来，而是活生生的现实。不论是军事技术的利用，还是商业项目的开发，都已进入太空领域。太空作为国家战略边疆，与国家的战略实力紧密相关。“高边疆”战略理论需要且可以充分发挥技术优势与整体实力，可将军事企图与非军事利用有机地结合起来。该理论认为，宇宙空间为未来经济发展的新纪元提供了希望。

总之，“高边疆”战略理论是一种包括军事、技术、政治、经济等各项战略在内的总体战略，其中心内容是依靠国家综合实力对太空的开拓和利用，试图将军事目的和非军事利用有机结合起来。从这个角度看，进行太空战略评估，对太空实力等开展战略评估，首先应认识到太空实力体现的是一个国家的综合实力，太空事件的影响、太空安全态势的演化等，也与国家的政治、经济、外交、科技、军事等多个领域密切相关。

二、制天权理论

航天技术广泛应用于军事领域，促进军用卫星和天战兵器的大发展。对外层空间的争夺导致制权领域向外层空间扩展，制天权理论产生。制天权是指在战争中，在一定的时间内对某一空间领域所拥有的控制权或主导权。夺取制天权的目的是为限制、削弱和破坏敌方的航天力量（系统）的作战使用效能，同时保护己方航天力量（系统）正常发挥作战使用效能，并为其他战场提供有力支撑。

制天权理论的核心是利用太空力量夺取太空优势，拥有和保持在太空领域的行动自由权和太空战场的主动权。制天权事关国家生存与发展，事关未来战争主动权。从航天技术所涉及的领域和范畴看，夺取制天权不仅要依靠军队，更要依赖国家、政府和人民，制天权的运筹与谋划应属国家安全与发展的战略问题应从全局谋划，整体推进。

未来战争中，制天权将构成战争主动权的主要部分，太空将成为夺取战争胜负的决定性战场。未来信息化的高技术战争将首先从太空打响，太空将成为敌对双方争夺的焦点，制天权将发挥关键的作用，影响战争的进程和结局。争夺制天权不仅将成为未来战争的重要作战形式，在和平时期拥有制天权也是国家威慑力量的重要组成部分，成为制约战争、维护和平的重要手段。[①]

开展太空战略评估，核心是要为维护太空安全、建设航天强国提供决策依据。太空实力评估、太空安全综合能力评估、太空安全

---

① 张健志．争夺制天权．北京：解放军出版社，1986.

态势评估等，需要紧紧围绕提升制天权能力这一关键点来设计评估对象的分类分级与指标体系，以提升太空战略评估的针对性指导性。

三、太空威慑理论

太空威慑理论是从核威慑理论发展起来的。随着苏联的解体，美苏之间核威慑和太空威慑的均衡被打破，美国在太空领域出现一国独大的局面，尤其是1991年的海湾战争展现出太空系统在常规战争中的独有能力和优势，为了继续确保其能力和优势，1996年美国总统克林顿签署并发布《国家太空政策》，提出“国家太空安全活动应该威慑、警告，并在必要时，抵御敌人攻击，为国家安全做出贡献”。1999年美国《国防部太空政策》首次系统阐述了太空威慑的概念，是指“威慑、警告以及如有必要抵御敌人的进攻，并确保敌军不能防止美国使用太空”。至此，美国从国家层面确立了太空威慑的内涵，并在2006年和2010年《国家太空政策》中继续强调太空威慑的作用。

太空威慑是指通过发展和使用以太空为基地的空间技术和军用航天器来达成军事威慑目的的一种威慑形式。福里斯特·摩根在《太空威慑和先发制人》的报告中提出太空威慑失效的临界点：由于在危机和冲突环境下，对手在对美国太空系统发动攻击之前需要衡量多种因素，且随着目标的改变和冲突程度的不同，对手对于风险和收益的评估也会发生变化。太空威慑失效临界点对于不同太空系统和不同程度的冲突环境并非是一成不变的。在危机时期，对手倾向于对美国太空系统发动非破坏性攻击；随着冲突的爆发和升级，对手将倾向于发动破坏性攻击；威慑失效临界点也会随着攻击形式的变化而不同。为了使太空威慑的核心机制有效，摩根提出构建多种手段：其一，以惩戒为基础的太空威慑手段，通过报复性威胁阻止对手对太空系统发动攻击。其二，以抵消为基础的太空威慑手段，通过降低对手的预期收益和攻击效果来阻止对手对太空系统发动攻击。[①] 迈克尔·克雷庞和茱莉亚·汤普森主编的《反卫星武器、威慑和中美太空关系》认为，太空威慑理论是冷战及冷战后各国研发反卫星能力所催生的产物。[②] 作战或者攻击太空设施等行为追求保密、隐蔽和非直接的方式，太空领域尚未部署武器，这导致太空威慑能力的不可见性。克雷庞将太空威慑称为推理威慑，非专业的、非部署的、非动能的太空威慑态势在过去看来是成功的，现存推断性威慑力量比专业的、部署的、动能的反太空能力更有助于维持太空威慑的稳定性，专业的反太空能力易于激发太空军备竞赛，增加太空威慑需求的成本，带来不安全性。詹姆斯·刘易斯发表《重新思考太空和网空威慑》认为，威慑应用到太空存在悖论，美国拥有世界上最先进的太空力量，但是并不能普遍有效地威慑对手对其太空资产的敌对行为。[③]

可见，太空威慑的核心机制在于可靠地影响对手评估风险和收益，让对手相信攻击太空系统付出的代价大于所获收益，使其相信放弃攻击更为有利。太空威慑更具针对性和目标性，需构建报复性威慑手段和拒止性威慑手段共同组成的太空威慑战略。太空威慑的威胁，威慑的关键是制造可信的威胁，威胁的可信度取决于对手的感知及其对风险的容忍度，一个能够给对手造成不可接受风险的威胁将使得威慑可信。综合看来，威慑是可信的威胁和关键利益的结

① Forrest E. Morgan, "Deterrence and First – Strike Stability in Space: A Preliminary Assessment," RAND Corporation, 2010, https: //www. rand. org/content/dam/rand/pubs/monographs/2010/RAND_MG916. pdf, Latest accessed date: 2018/09/05.

② Michael Krepon and Julia Thomas, eds., "Anti – Satellite Weapons, Deterrence and Sino – American Space Relations," Washington, D. C.: Stimson Center, September 2013, p. 15.

③ James A. Lewis, "Reconsidering Deterrence for Space and Cyberspace," CSIS, August 2013, https: //www. csis. org/programs/technology – policy – program/technology – and innovation/technology – and – warfare/deterrence. Latest accessed date: 2018/09/07.

合，最好的方法是强化制止性太空威慑手段，例如：构建规范性框架，为太空安全创造有利政治环境；提高太空防御能力，加大进攻成功的难度；加强系统操作稳定性，减小进攻者的可能收益等。上述太空威慑理论的核心要素是开展太空战略评估需要考虑的重要因素。

四、博弈论

博弈论的思想古已有之，中国古代的《孙子兵法》不仅仅是一部军事著作，也是最早的一般博弈论著作。冯·诺伊曼和摩根斯坦1947年发表的《博弈论与经济行为》将二人博弈推广到多人博弈结构，并将博弈论系统地运用于经济领域。自博弈论首次在冷战初期应用于解决国防问题以来，博弈论的多个分支已经得到广泛发展，例如：序列推演理论和双层博弈理论。

博弈论是指研究多个个体或团队之间在特定条件制约下的对局中，利用相关方的策略，实施对应策略的理论，有时也称为对策论，或者赛局理论，是研究具有斗争或竞争性质现象的理论和方法，是现代数学的一个新分支，也是运筹学的一个重要理论。目前，在国际关系学、计算机科学、政治学、军事战略和其他很多学科都有广泛的应用。它研究公式化激励结构（游戏或者博弈）间的相互作用，具有竞争或对抗性质的行为称为博弈行为。在这类行为中，参加斗争或竞争的各方具有不同的目标或利益。为达到各自的目标和利益，各方必须考虑对手的各种可能的行动方案，并力图选取对自己最为有利或最为合理的方案。博弈论是研究博弈行为斗争中各方是否存在着最合理的行为方案，以及如何找到这个合理的行为方案的数学理论和方法。博弈论考虑博弈中的个体的预测行为和实际行为，并研究它们的优化策略。

美军采用博弈论评估美国对太空的控制方案，他们采用博弈论中的序列推理理论来进行评估。这是一种用于评估各种太空控制方案的潜在影响的博弈论方法，将结构化逻辑方法应用于交互式决策的分析中，用于确定在与理性、睿智的对手展开竞争时，有效的战略可能是什么。美军认为，美国太空能力处于危险中，潜在对手非常清楚美国战斗能力转型后日益依赖太空系统的支持。对手可能开发进攻性太空控制武器，在危机爆发时牵制美国处于危险中的太空系统。博弈论可帮助美军评估各种防御性太空控制方案的威慑价值。在序列推演理论中，采用推演的方式判断对手的行为方式，预测对方的回应方式，利用该信息计算当前的最佳行动，并对各种方案进行评估。

在太空的开发利用方面没有绝对的利益冲突，国家间的竞争不是完全的“零和博弈”，在太空领域的博弈是存在共同利益的。① 在太空战略评估中，针对太空实力、太空事件（行为）影响、太空安全态势等评估工作，必然需要考虑太空领域的博弈理论核心要素，以为管控太空危机、防止发生太空冲突以及太空治理、太空军事等方面提供科学合理的评估模型支撑。

第二节　指标体系构建方法

确定评估的指标体系是开展评估工作的基础。指标体系是联系评估专家和评估对象的纽带，也是联系评估方法与评估对象的桥梁。只有科学合理的评估指标体系，才有可能得出趋向科学公正的评估结论。针对评估对象及其分类分级，依据合适的方法选取合适的指

① 夏立平等著．美国太空战略与中美太空博弈．北京：世界知识出版社，2015.

标，构建完整科学的太空战略评估指标体系，是开展太空战略评估的关键环节和重要步骤。

一、指标体系构建

多指标综合评估时，有多种指标选取的方法，大体上主要分为定性分析和定量分析两种类型。

定性分析选取指标的方法是以评价目的为基础，用系统思想，对评价对象进行深入剖析，将其分解为不同的侧面，对各个侧面进行提炼，得到适合衡量不同侧面的指标，组合起来构成所需的指标体系。定性分析选取指标方法应用最为广泛的是层次分析法。定性分析选取指标方法最大的优势在于，所构建指标体系相对完整且在内部指标之间具有一定的逻辑性，能较完整反映评价对象的全貌，该方法的开放性较强，可在综合考虑多方意见的基础上，增删体系中的层次结构和指标的选择。主要缺陷在于指标的选择与构建更多受到构建人的影响，构建人因为自身掌握的知识、观察问题的角度以及其他一些主观因素等影响，都会影响到指标的选择，即便是同一个人，在不同时间也可能会采取不同的指标构建方法。

定量分析选取指标就是运用数学方法，根据指标之间的数量关系，选出所需指标体系的方法。此方法的过程为：一是建立预选评价指标体系。预选指标是在对评价对象进行定性分析的基础上，选择与评价目的相关的指标。二是分析指标特性。分析预选指标的数量特性，量化各指标反映评价对象状态的程度。通常使用隶属度分析、相关分析、主成分分析、因子分析、聚类分析等方法。三是确定阈值，筛选指标。在量化分析的基础上确定一个阈值，阈值以上的指标将被保留下来构成所需的指标体系。该方法的优势为：指标体系的构建比较客观，排除了构建人主观因素影响。指标的筛选过程运用数学方法，科学严密。同样，该方法也存在明显的缺陷，比如，为了甄别出各个指标对整体状态的反映水平，需要大量的初始统计指标数据和样本数据作为支撑，因此，所需数据收集与整理的工作量较大；数据处理筛选出的指标过于离散，容易缺少逻辑关系的支撑。

在太空战略评估指标体系构建时，采用以定性分析为主、定量分析为辅的方式，通过将太空实力、太空事件（行为）影响、太空安全态势等评估对象分类分级分层次分析，以上述高边疆、制天权、太空威慑以及博弈论等理论为基础，结合广泛的调研、访谈和以往研究成果和经验积累，设计构建太空战略评估指标体系。这种方法构建的指标体系，可充分吸收不同专家意见，而且易于调整，适合建立应用型指标体系。在此基础上，将初级指标的数据用因子分析法检验，剔除对目标因素影响较小的指标，可逐步使指标体系的构建更有依据、更加科学。

需要说明的是，指标体系是人为制定的，在体系的构成、指标的分配、要素的选择上容易出现认识上的不一致，指标的综合意义不清晰，造成评估结果的主观性。所以，对于一个针对特定对象的太空战略评估问题，指标体系的构建是动态的、开放的，可以仁者见仁、智者见智，也只有这样，才能不断迭代完善相关指标体系。因此，指标体系的构建是一项很困难的工作，也是一个反复深入的过程。

二、指标权重确定

评估指标体系是由众多指标构成的相互联系、相互作用的大系统，一个指标反映总体一个方面的特征，要想全面反映总体的状况，就要将这些指标综合起来考虑，这必然涉及各评估指标的相互重要程度，即指标的权重，也就是指标对评估对象的作用。[①] 在评估模型中，赋权之间影响指标体系模型的结果，该结果影响到分类评级，进而影响到评估结果，所以，评估对象的评估指标赋权是太空战略评估工作的一项重要内容。

在综合评价中，权重是每项指标对总目标实现的贡献度，反映各指标在评价对象中重要性的系数。权重的不同会导致结果产生不同，一旦权重不尽合理，评价指标将失去意义。确定权重的方法有很多，根据计算时原始数据来源可分为主观和客观赋权法。主观赋权法的优点是可根据指标的重要性，对于越重要的指标赋予越大的权重，反之亦然；但由于权重主要由专家给出，其合理性受专家影响较大，主观性较强。客观赋权法杜绝了权重的主观性，使系数更加客观，但容易出现不合逻辑的现象，如重要的指标权重小。在实际运用中，根据指标的性质、数据情况，可灵活运用不同的权重确定方法。

常用的客观赋权法包括：变异系数法、熵值法、主成分分析法、层次分析法等。

一是变异系数法。变异系数法是根据统计学方法计算得出系统各指标变化程度的方法，是一种客观赋权法。根据该方法，变化差异较大的指标权重较大；变化差异较小的指标权重小，从而根据指标的统计学规律确定其重要程度。通过计算变异系数，并进行归一化得到指标的权重。但是，由于评价指标体系的各项指标量纲不同，不方便直接对比，因此需要均一化处理，也就是常说的归一化。变异系数法是一种较为客观的方法，能够客观反映指标数据的变化信息，较客观地求出各指标的权重。

二是熵值法。熵值法是用来判断某个指标的离散程度的数学方

---

① 马亚龙，邵秋峰等．评估理论和方法及其军事应用．北京：国防工业出版社，2013.

法。离散程度越大，该指标对综合评价的影响越大。熵源于信息论概念，本身是对不确定性的描述，熵值越小，表明信息的不确定性越小。从信息角度出发，表明了该指标提供有效信息量。因此，可根据各项指标的变异程度，利用信息熵这个工具，计算出各指标的权重，为多指标综合评价提供依据。

三是主成分分析法。主成分分析法是利用降维的思想，把多指标转化为少数几个综合指标。通过正交变换将一组可能存在相关性的变量转化为一组线性不相关的变量，转换后的这组变量叫主成分。将众多具有一定相关性的指标，重新组合成一组新的互相无关的综合指标来代替原来的指标。主成分分析是考察多个变量间相关性的一种多元统计方法，研究如何通过少数几个主成分来揭示多个变量间的内部结构，即从原始变量导出少数几个主成分，使它们尽可能多地保留原始变量的信息，且彼此间互不相关。主成分分析法中各变量权重确定来自于主成分的贡献率，客观反映了各变量信息量占全部信息量的比重，得出的权重较客观、合理。

四是层次分析法。层次分析法是指将与决策总是有关的元素分解成目标、准则、方案等层次，在此基础之上进行定性和定量分析的决策方法。将组成复杂问题的多个指标权重整体判断转变为这些元素进行“两两对比”，再对这些影响因素整体权重进行排序判断，最后确定各个影响因素和各级指标的权重值。层次分析法是一种解决多目标的复杂问题的定性与定量相结合的决策分析方法。人们在对社会、经济以及管理领域的问题进行系统分析时，面临的经常是一个由相互关联、相互制约的众多因素构成的复杂系统。层次分析法则为研究这类复杂的系统，提供了一种新的、简洁的、实用的决策方法，能使指标之间具有较强的逻辑性，解决了仅依靠因子分析这种定量手段带来的指标分散、缺乏逻辑关系等问题。使用此方法可增强评价结果的可信性，从而实现对太空战略评估更全面更客观地评价。

第三节　数据处理分析方法

数据处理分析是开展太空战略评估的基础，数据包括定性数据与定量数据，二者属性不同、量纲不同，需要对数据进行规范化处理，为数据输入模型奠定基础。

一、数据质量研究

对于定性数据，需要对专家打分结果进行统计分析，计算各指标的评价函数，以此作为评分有效性的判断依据，对评分无效的指标应进行重新评分。评价函数计算方法一般包括集中趋势、离散趋势、偏态系数等。

对于定量数据，数据是测量的结果，针对测量的数据，制定数据质量度量标准，针对评估指标任务设定数据度量或准入标准。在统一数据度量标准下，从完整性、准确性、一致性、冗余性、及时性等维度，对定量数据开展质量分析，筛选高质量数据。

二、指标规范化处理方法

由于评估指标取值性质不同，有定量指标也有定性指标。在定量指标中，不仅它们的量纲、函数关系不同，而且它们的类型也不一致，有些指标要求越大越好，有些指标要求越小越好，有些指标要求适中，导致在进行指标综合时无法对比。因此，需要对评估指标采用统一的度量方式，在综合评估前对各指标评估数据进行处理，包括定性指标的量化，定量指标的规范化。

（一）规范化处理原则

客观性。规范化处理选用的公式或模型能够客观反映指标值特性和水平。

简易性。简便易行，便于推广验证，在多数情况下，无量纲化的结果是对指标水平的相对描述，而不是一个绝对的刻度，因而在不影响被评估对象间相对地位的前提下，一般用直线性模型来代替曲线型模型。

可行性。在选用规范化处理方法时，不仅要考虑被评装备指标的特点，还要注意方法自身的特点，从而确保转化的可行性。

目的性。根据评估目的和阈值选择情况，选择合适的规范化处理方式，针对一次评估活动，所有基础指标的规范化处理方式应尽可能保持一致。

（二）定性指标规范化处理方法

在一个复杂系统的指标体系中，有些指标很难直接进行定量描述，但定性的描述没法利用数学这一定量计算的工具进行处理，需要一个定性指标量化的过程。了解事物、认识事物与揭示事物的本质特征都需要定性判断，定性研究是定量研究的基础，通过问卷调查、电话访问、会议集中讨论等形式，征求行业专家对定性指标的评判打分，依靠专家的实践经验把定性数据定量化。

直接打分法。专家根据自己的经验知识对定性指标直接做出价值判断，用一个明晰数来度量对指标的满意程度，该方法较为简便，但给专家带来了很大的难度，专家较难准确地做出判断。

标尺量化法。将指标划分为多个等级，将定性评判的语言通过一个量化标尺直接映射为定量的值，在评估时可以根据实际情况制定相应的量化标尺，如表 2 – 1 所示。由来自论证部门、一线用户、研制单位和院校等单位的专家，对照量化标尺对定性指标进行评分。

模糊评估法。首先，确定评价指标集、评语集和权重集，建立评价因素的权重分配向量，通过各指标的模糊评价获得模糊综合评价，适用于定性数据的聚合评估。

表 2-1 量化标尺

	0.1	0.2	0.3	0.4	0.5	0.6	0.7	0.8	0.9
9 等级	极差	很差	差	较差	一般	较好	好	很好	极好
7 等级	极差	很差	差		一般		好	很好	极好
5 等级	极差		差		一般		好		极好
3 等级	极差				较好				极好

（三）定量指标规范化处理方法

缺少定量分析提供的数据支持，定性研究就变得不可靠。定量研究在于研究事物之间的数量关系，是被精确化的定性研究。定性研究要更好地揭示事物的本质特征，就必须建立在定量研究的基础上，只有定量研究才能够对实践活动起主动作用。

指标评估过程中，各定量指标值之间普遍存在以下问题：一是无公度问题，即各指标的量纲不同，不便于互相比较；二是变换范围不同，指标值之间差异很大，不便于比较运算；三是对抗性不同，有些指标是越大越优，而有些则越小越优。为避免这些问题对评估结果的影响，必须进行量化指标的规范化（归一化、标准化）处理，其实质是通过一定数学变换，将指标值转变为可综合处理的“量化值”，一般都变换到范围内〔0-1〕或〔0-100〕。采用线性尺度变换法对定量指标进行规范化处理，将定量指标划分为成本型、效益型和区间型三种。

成本型指标。当指标取值越大越劣、越小越优时，其规范化模型为：

$$r_i = \begin{cases} 100 \times \dfrac{\min x_{i,j}}{x_i}, & x_i > \min x_{i,j} \\ 100, & x_i < \min x_{i,j} \end{cases}$$

式中：x_i 为被试系统第 i 个指标实测值，$\min x_{i,j}$ 为对应指标在 j 各种类型中的最佳实测值，r_i 为规范化处理后的值。

效益型指标。当指标取值越大越优、越小越劣时，其规范化模型为：

$$r_i = \begin{cases} 100 \times \dfrac{x_i}{\max x_{i,j}}, & x_i < \max x_{i,j} \\ 100, & x_i > \max x_{i,j} \end{cases}$$

式中：x_i 为被试系统第 i 个指标实测值，$\max x_{i,j}$ 为对应指标在 j 各种类型中的最佳实测值，r_i 为规范化处理后的值。

区间型指标。当指标取适当值时最优，而当其取偏值（即过大或过小）时变劣，其规范化模型为：

$$r_i = \begin{cases} 100 \times \dfrac{min\ d_{i,j}}{d_i}, & x_i \notin [q_i^1, q_i^2] \\ 100, & x_i \in [q_i^1, q_i^2] \end{cases}$$

式中：x_i 为被试系统第 i 个指标实测值，d_i 表示 x_i 到区间［q_i^1，q_i^2］的距离，$\min d_{i,j}$ 为对应指标在 j 各种类型中的最佳实测值到区间 $\min d_{i,j}$ 的距离，r_i 为规范化处理后的值。

第四节　评估方法

战略评估是战略运筹的基础，本源于军事领域。二战后，随着管理科学的发展，战略评估理论和方法日渐成熟，许多国家将其应用于军事战略和大战略领域，使军事战略和大战略的运筹走向规范化和科学化。[①] 目前，战略评估领域的多类评估模型与方法，可适用于太空战略评估领域相关研究工作。全面了解不同类型评估模型与方法的核心内容与特点，可以为择优选择评估方法、做好太空战略评估工作奠定基础。

一、定性评估方法

定性评估方法发端于 19 世纪，在 20 世纪二三十年代因社会调查运动而开始得到发展。所谓定性研究，是指在自然环境中使用实地体验、开放型访谈、参与性与非参与性观察、文献分析、个案调查等方法，对社会现象进行深入细致和长期的研究；分析方式以归纳为主，在当时当地收集一手资料，从当事人的视角理解他们行为的意义和他们对事物的看法，建立假设和理论，通过证伪法和相关检验等方法对研究结果进行检验；研究者本人是主要的研究工具，其个人背景与被研究对象之间的关系对研究过程和结果的影响需要充分考虑；研究过程是研究结果的重要组成部分，需要详细记载和报道。[②]

在传统意义上，将定性评估界定为“凡是不经统计过程或量化手段得到研究发现的社会科学方法”，即定性评估者必须承诺非数字的主张，不会出现计算的概念，也不会以百分比、平均数、标准差或相关系数等统计概念诠释研究发现。[③] 不过，施特劳斯与古丁认为，这种看法是错误的，定性评估绝不是非量化研究，它是一种分

---

① 周丕启．战略评估探析．战略研究，2013（5）．

② 陈向明．社会科学中的定性研究方法．中国社会科学，1996（4）：93－102．

③ 李允杰，丘昌泰．政策执行与评估．北京：北京大学出版社，2008．

析归纳法、诠释学研究法、生活历史的系统研究方法。[①]

定性评估可揭示现象背后更多不为人知的事实，弥补定量评估所无法说明的重要细节。定性评估具有自然情境、归纳性、互动性、整体性和动态发展性等特征。第一，定性评估通常发生在研究者不能控制的自然情境下，该情境中所发生的事件、计划都是自然存在的，在自然情境中对评估对象进行完整、系统地研究。第二，定性评估在资料分析上较为注重归纳法的应用，必须应用探索、发现与归纳的逻辑，开始于开放性的观察，然后设法从研究发现中找出共同的形态，从而建构理论。第三，在定性评估过程中，研究者能够直接面对研究对象，强调双方彼此互动、共同理解的过程。第四，定性评估研究者追求整体性，探讨特定情境的整体特点，了解评估对象背后的隐藏内容。定性评估方法不是孤立地看待某一个部分或环节，而是通过多种途径从整体上去解释该事物发生的原因，体现出系统论与整体论的思想。第五，定性评估方法认为评估对象是动态的和发展的，各个部分都会不断发生变化。在评估过程中，包括资料的搜集、资料的分析与解释、结果的呈现等等，都需要以动态发展性的思维来主导整个评估过程。

定性评估方法的过程一般包括界定问题、研究设计、具体实施、资料分析和结果呈现五个阶段：第一，界定问题是评估活动的起点，是整个评估工作的第一步，其重要性不言而喻。定性评估方法的问题界定始于较大范围的筛选，逐步集中，最后形成一个相对科学合理的评估问题。第二，定性评估方法在研究设计阶段要确定分析单位、抽取样本以及设计资料收集的工具。在评估的过程中，为实现某一环节的具体研究目标，则存在着相应的分析单位。定性评估方法更多采取非概率抽样的方法抽取样本。研究人员可根据实际情况

---

① Strauss, Anselm & Juliet Corbin. Basics of Qualitative Research. Newbury, CA: Sage 1990.

及时调整计划、更换资料收集方法等，使之更符合现实变化。第三，具体实施阶段。这一阶段的主要任务是资料的收集。定性评估者应追求多个来源的数据。第四，资料分析阶段。具体实施阶段的资料收集工作，包括访谈笔记、观察记录、录音文件、照片、文档以及其他一些文字、图片和符号等材料。资料具有来源多样性、形式无规范性等特点。实际上，在定性评估方法中，从资料的整理到分析都是一个完整的过程，涉及资料检验、筛选、归类、评估、比较、综合的过程。第五，结果呈现阶段。把定性资料分析的结果呈现出来的过程就是定性研究报告的撰写。定性研究报告最重要的要求是资料与分析的有机连接。尤其是在项目评估中，要求在纷繁复杂的定性资料中，迅速找出问题的要点。

不论是从方法论角度还是实践方面来看，定性方法都是评估研究不可或缺的重要手段。在实际评估研究中，定性方法主要适用于非大样本的场合。定性方法采取解释性范式，重视对现象的解释和理解，因而它的研究设计比较灵活、研究结果往往留下很大的阐释空间。个人在研究过程中起到很大作用，能充分调动参与人的积极性。同时，也需要看到，定性研究存在受研究人员个人因素的影响较大、数据难以用统计方法处理、较难提供定量的信息等现实问题。

定性评估方法主要包括专家评价法、德尔菲法、焦点小组座谈法等。德尔菲法是围绕某一主题或问题，征询有关专家或权威人士的意见和看法的调查方法。这种调查的对象只限于专家这一层次。调查是多轮次的，一般为3—5次。每次都请调查对象回答内容基本一致的问卷，并要求他们简要陈述自己看法的理由根据。每轮次调查的结果经过整理后，都在下一轮调查时向所有调查者公布，以便他们了解其他专家的意见，以及自己的看法与大多数专家意见的异同。这种调查法最早用于技术开发预测，现已被广泛应用于政治、经济、文化和社会发展等许多领域问题的研究。专家评价法是通过专家依据自己的专业知识和历史经验来做出最终的评估结果。评估主体中的专家构成是保证评估专业性的核心，评估专家的业务水平、独立性和责任心都是决定评估工作质量的重要因素。加强评估专家队伍建设是专家评价法的关键。焦点小组座谈法是针对某个专题或问题，组织相关群体中的成员构成不同的小组并进行集体座谈和讨论，以此获取或掌握第一手的具体信息，然后对信息进行分析，探寻解决问题的理想对策。焦点小组座谈法是应用研究中常用且实用的定性研究方法。在一些社会发展项目中，常采用这一方法为项目评估收集资料。焦点小组座谈法就是要让实践的主体来回忆和讲述自己的经验，从中了解和把握更多的经验知识。

二、定量评估方法

定量研究是通过统计调查法或实验法，像自然科学那样建立研究假设，收集精确的数据资料，进行统计分析和检验的研究过程。所谓定量评估，是指从战略问题量的规定性方面，对战略需求、战略对抗、实力关系、战争能力等内容进行评议和估计的科学方法。评估者运用多种数学方法，通过对战略行动、战略环境、战略对象等众多复杂、多变、不确定的因素进行合理的量化，建立数学模型，并使用计算机等现代化工具进行模拟推演或辅助计算，以生成或支持评估结论，这类评估方式又称为数学模型评估法。定量评估法具有严谨、精确、可比性强等优点，但当评估对象涉及人的认知领域或精神意志范畴时，定量评估法就显得力不从心了。

把定量分析作为一种分析问题的思维方式始于伽利略，他第一次把定量分析全面应用在自己的研究中。从动力学到天文学，伽利略抛弃了以前人们只对事物原因和结果以主观臆断为主的分析，代之以实验、数学符号、公式。从理性的发展过程来看，伽利略提出的以定量代替定性的科学方法，使人类认识对象由模糊变得清晰，由抽象变得具体，使得人类的理性在定性之上又增加了定量的特征，那些与定量无关的概念，如本质起源、性质等概念，在一定的领域和范围内被空间、时间、重量速度、加速度、惯性力能量等全新的概念替代。

孔德、杜尔凯姆在内的众多社会科学家，为定量研究的发展做出了重要的贡献。杜尔凯姆首次将“多元分析法”引入了社会学，为如何利用统计资料、如何从经验现象中概括出理论认识提供了范例。[①] 20 世纪 30 年代，西方社会学家开始用定量方法研究社会和政治问题。自 20 世纪 50 年代起，定量研究逐渐演变为全球社会学研究中的新潮。定量研究通过技术手段和统计工具运用，在社会控制、社会预测、社会工作、社会管理和社会问题领域发挥了重大作用。

定量评估方法是运用定量研究方法进行评估研究，是通过将观察到的现象转化为数字，并以图形、频数分布及其他统计值加以描述的评估研究。[②] 定量方法是最传统的，同时也是最常见的一种评估研究方法。定量评估方法侧重测量与计算，通过数字和量度来描述，强调客观事实和现象之间的关系，强调变量之间的因果联系。定量评估方法与演绎过程更接近，从一般的原理推广到特殊的情景中，倾向于以理论为基础。当实际的评估研究以理论的检验为目标时，也通常采取定量的方式进行。

以实证主义为哲学基础的定量评估方法注重科学主义的研究范式，采取实验、调查等方式，通过量表、问卷、结构观察等技术收集资料，运用统计分析等方法来客观地确定相关关系与因果关系，具有标准化、系统化、操作化和客观性等特征。第一，标准化主要

---

① 袁方．社会研究方法教程．北京：北京大学出版社，1997.

② Ginsberg L. H. , Social Work Evaluation: Principles and Methods. Boston: Allyn and Bacon, 2001.

体现为这种评估方法所有的过程都遵循一套非常严格的程序，尤其是定量评估方法一般会采用实验法、调查法以及结构式观察法等一系列标准化要求极高的方法。第二，系统化要求定量评估的各个部分是一个有机的系统，具有一定的结构性。评估的各个环节相互联系、相互制约。每个环节都有一定的功能，具有特定的目的。第三，操作化是定量研究的一个核心环节和核心特征之一。操作化要求将抽象的、笼统的概念通过具体的、可以测量的指标表示出来。第四，在定量评估方法中，定量评估主要用观察、实验、调查、统计等方法进行评估，对评估的严密性、客观性、价值中立都提出了严格的要求，以求得到客观事实。

定量评估方法的一般过程也可概括为界定问题、研究设计、具体实施、资料分析和结果呈现五个阶段。定量研究追求“更多样本量、更好的统计显著性、推断出更大的总体”，强调客观性和可重复性。研究结果不会因人而异，不同的研究方法使用相同的研究设计和研究方法，可得出基本一致的结论。它的标准化和精确化程度较高，逻辑推理较为严谨，因而较为客观、科学。定量评估方法主要包括层次分析法、聚类分析法、因子分析法等。

层次分析法是应用网络系统理论和多目标综合评价方法，提出的一种解决多目标、多准则问题的定量评估方法。它将复杂的问题分解成不同的组成要素，并按照因素之间的相互关联、影响及隶属关系，将因素按不同的层次聚集组合，形成一个层次结构的分析模型，并最终将对系统的分析归结为最底层（措施、方案、指标）相对于最高层（目标）的相对重要性权值的确定或相对优劣次序的排序问题。主要步骤为：建立层次结构模型、层次分析法中的排序、判断矩阵和标度。层次分析法由于其模型递阶层次结构从高到低或者从低到高的特点，多适用于有明显层次、层次单向影响的问题中，而在实际分析中，有些问题的成因复杂，层次间没有明显的关系，是复杂的网络交叉影响，对于这种复杂系统问题，层次分析法不再适用。

聚类分析法基于“物以类聚”的朴素思想，根据事物的特征对其进行聚类或分类。常用的聚类算法包括：随机搜索聚类算法、利用代表点聚类算法、利用层次方法的平衡迭代规约和聚类算法、基于高密度连接区域的密度聚类方法、统计信息风格算法、简单增量概念聚类算法、模糊聚类算法等。聚类分析在数据挖掘中的应用主要有三个方面：一是作为其他算法的预处理步骤，这些算法再在生成的簇上进行处理。可作为特征和分类算法的预处理步骤，也可将聚类结果用于进一步关联分析。二是作为一个独立的工具获得数据分布的情况，观察每个簇的特点，集中对特定的某些簇做进一步分析。三是可完成孤立点挖掘。许多数据挖掘算法试图使孤立点影响最小化，或者排除它们。然而孤立点本身可能是非常有用的。

因子分析法核心思想在于降维，即通过研究多指标评价体系中各项指标的相关系数矩阵和协方差系数矩阵，找出影响某几项指标相关关系的随机变量，根据相关性的强弱将多项指标分成若干组，使得组内相关性较高而组间相关性系数较低。因子分析法通过对原始多维变量指标进行重组找出公共因子，即：主因子，反映多维指标的主干统计信息，达到降维处理的目的。因子分析法可研究分析多个统计变量，降维后主因子能够客观反映原始变量的主要信息，使得研究过程简捷有效，客观真实。因子分析法可按如下步骤进行：指标的同向化处理、指标的标准化处理、变量指标的相关性检验、选择公共因子。该方法的特点是能对复杂问题的本质、影响因素及内部关系等进行深入分析，使用少量定量信息使决策思维过程层次化、数量化，并用数学方法分析，从而使无结构复杂的决策问题更加简洁明了。

三、定性与定量相结合的方法

为了弥补定量与定性评估方法的不足，往往需要采用综合评估方法。定性的评估方法计算过程简单，不需要依赖大量的统计数据，准确性较高，但对评估者本身的经验和能力要求较高，主观性强且精确度不够；而定量的评估方法对评估指标进行量化处理，客观性强且容易理解，但在实际的风险评估过程中，有一些指标是很难量化甚至不能定量描述的。因此，只使用定性或定量的评估方法，很难得到准确合理的评估结果。正是因为定性的评估方法和定量的评估方法各自有其优缺点，而太空战略评估又是一个复杂的过程，所以不能把定性和定量的评估方法简单的分割开来，而是应该将这两种方法有机结合起来，取长补短，发挥各自优势。

定性与定量相结合的方法，指的是在一项评估研究过程中，根据研究目的同时运用定性和定量方法的做法。[①] 它区别于其他两种研究方法范式的核心在于，必须在同一研究中分别运用一种以上定性研究和定量研究的方法与手段。综合运用是其实质，这一点在太空战略评估中体现得尤其明显。不同的评估项目，尤其是项目彼此之间的交叉与复杂性决定了需要采用何种评估方法，从现实情况来看，综合评估方法的运用越来越广泛。当然，定性方法与定量方法也并非截然不同，它们在很多方面是相互重合的，例如，参与式观察或非正式访谈也可以像定量方法一样被用于检验某一理论或假设，而定量方法中的问卷调查也可以被用来对某一社会现象的理解与解释。

综合评估方法由于采用定性与定量相结合的评估方式，同时具有定性评估方法与定量评估方法的典型特点，如具有定量评估方法

---

① 方巍，张晖，何铨．社会福利项目管理与评估．北京：中国社会出版社，2010.

的程序化、标准化、系统化以及中立与客观的特点，具有定性评估方法的注重归纳、重视互动、推崇整体和强调动态性的特点。除此之外，综合评估方法还具有方法设计的交叉性、方法使用上的发展性、方法使用效果上的互补性、整体与动态性相结合等特点。

综合评估方法的一般过程同定性评估方法与定量评估方法的过程类似，主要包括界定问题、研究设计、具体实施、资料分析和结果呈现五个阶段。所不同的在于，综合评估方法在具体的评估过程中会根据研究的需要采用定性与定量两种方法，并在具体的环节中进行两种方法的有机整合。典型的定性与定量相结合的评估方法主要有：故障树分析方法、模糊综合评估法、灰色系统评估法、D－S证据推理评估法等。

（一）故障树分析法

故障树分析是由上往下的演绎式失效分析法，利用布林逻辑组合低阶事件，分析系统中不希望出现的状态。故障树分析方法采用逻辑方法，进行危险地分析工作，其特点是直观、形象、思路清晰、逻辑性强，可以做定性分析或者定量分析。故障树分析首先选定某一影响最大的系统故障作为顶事件，然后将造成系统故障的原因从上而下、逐级分解为中间事件，直至把不能或不需要分解的基本事件作为底事件为止，这样就得到了一张树状逻辑图，称为故障树。

故障树分析主要用在安全工程以及可靠性工程等领域，用来了解系统失效的原因，并且找到最好的方式降低风险，或是确认某一安全事故或使特定系统失效的发生率。故障树分析也用在航空航天、核动力、化工、制药、石化业及其他高风险产业，也会用在其他领域的风险识别，例如社会服务系统的失效等。在航空航天领域中，更广泛的词语“系统失效状态”用在描述从底层不希望出现的状态到最顶层失效事件之间的故障树。这些状态会依其结果的严重性来分类。结果最严重的状态需要最广泛的故障树分析来处理。

（二）模糊综合评估法

模糊综合评估法源于模糊集合理论，该理论以隶属函数的方式将原始模糊的信息予以明确化，并通过函数的转化使其值介于0与1之间，实现把人类的直觉确定为具体系数的模糊综合评判矩阵中。由于其可允许评估过程有不确定的情况，并且以隶属函数的程度取代欲满足目标的水平，使得不确定性的问题能有效地解决，克服了传统数学“唯一解”的弊端，适用于衡量定性的指标。

模糊综合评估的基本原理：首先，确定评估对象集、因素集（即：评估指标集）和决断集；其次，确定各因素权重值，建立评估因素的权重分配向量；再次，通过各单因素模糊评估，获得模糊综合评估矩阵；最后，进行复合运算，得到综合评估结果，计算每个评估对象的综合分值，并进行选择排序。模糊综合评估法的优点是，可用来评估军事活动中一些难以量化的问题。它运用模糊数学的方法将定性指标定量化，并得出科学合理的结论。其缺点是，不能解决评估指标间相关造成的评估信息重复问题；各因素权重的确定具有一定的主观性等。

（三）灰色系统评估法

灰色系统评估法源于灰色系统理论，该理论的研究对象是“部分信息已知，部分信息未知”的不确定性系统，它通过对部分已知信息的生成、开发实现对现实世界的确切描述和认识，用来解决信息不完备系统的数学方法。灰色系统评估方法基于灰色关联度分析，其灰色关联度分析是衡量评估内容或指标间关联程度大小的量化方法，通过各评估对象对于理想对象的接近程度，来判断评估对象的优劣次序。

灰色系统评估方法的基本原理是，从样本（被评估对象）中确定一个理想化的最优样本，并以此作为参考序列，通过计算各样本序列与该序列的关联度，对评估对象做出综合比较和排序。基本计算步骤是：确定参考序列；指标值的无量纲化；计算各方案与最佳指标组成的理想方案的关联系数矩阵；由关联系数矩阵得到关联度；按关联度的大小进行排序、分析，得出综合评判结果。

模糊数学和灰色系统理论是两个研究不确定系统较为常用的研究理论，模糊数学重点研究问题的“模糊性”，研究对象“内涵明确，外延不明确”；而灰色理论重点研究“灰色性”，研究对象“外延明确，内涵不明确”。灰色系统评估的优点是，对数据量没有太高要求，即：少量样本。其原因在于：该方法无需考虑数据的分布规律，仅仅是根据数据的发展趋势做出分析。该方法计算简单，通俗易懂，在缺少数据资料或者数据资料不满足统计分布的条件下，依然能够计算，更具有实用性。该方法的缺点是，只能做事物之间正相关的判断。这不能全面反映事物间的关系，因为事物之间存在正相关或者负相关，如果采用关联度模型可能得出片面的结论。该方法不能解决评估指标间高度相关造成的评估信息重复的问题，因此，应尽可能选择相互独立的指标。

（四）D－S 证据推理评估法

D－S 证据推理（Dempster－Shafer Theory of Evidence）包括用来表示决策者在给定证据下对假设或命题信息的信度函数与似然函数，以及 Dempster 合成规则。基于 D－S 证据理论提出的证据推理方法是一种较好的处理不确定条件下多种类型信息的方法。证据推理方法已经成功应用于多个实际领域，并体现出较强的优势。①

① Yang J B，Liu J，Wang Sii H S，Wang H W. Belief rule－base inferencemethodology using the evidential reasoning approach－RIMER. IEEETransactions System Man Cybernetics Part A－System Humans，2006（36）：266－285.

（五）博弈论

博弈论的研究方法和其他许多利用数学工具研究社会经济现象的学科一样，都是从复杂的现象中抽象出基本的元素，对这些元素构成的数学模型进行分析，而后逐步引入对其形势产生影响的其他因素。博弈论是研究理性的行动者相互作用的理论。在博弈论中，人类所有相互的活动均可以看成博弈行动，“理性的”行动者或参与者在互动的过程中如何选择策略或者如何做出行动的逻辑，是博弈论研究的重点。

第五节　评估模型

评估模型是指用运筹学方法或计算机模拟程序等对太空战略评估对象进行分析评价，给出明确意见的一种数学工具。在战略评估的过程中，评估模型往往是解决复杂和不确定性关系的关键工具，是提高情报判断和战略决策水平的科学手段。

一、加法评价模型

加法评价模型是指通过对各指标评价值进行加权算术平均，求出被评价对象的综合评价值。计算公式如下：

$$y_i = \sum_{j=1}^{m} w_j x_{ij} \quad (i = 1,2,\cdots,n)$$

其中，y_i为第 i 个被评价对象的综合评价值，w_j为第 j 个指标的权重，满足

$$\sum_{j=1}^{m} w_j = 1 \quad 0 < w_j < 1$$

x_{ij}是经过指标一致化和无量纲化处理后的指标评价值。如果指标评价值 x_{ij}都经过正指标化了，则综合评价值 y_i越大越好，可以通过各评价对象 y_i的大小进行评判。

二、模糊数学模型

由于客观世界的复杂性及永恒运动所引起的不断变化，使得世界除了随机性这种不确定性之外，还存在另外一种普遍的不确定性，即模糊性。这里的模糊性主要是指客观事物的差异在中介过渡时所呈现的“亦此亦非”性。近几年来，对模糊信息的处理在系统风险评估中应用广泛，其中模糊数学是研究和处理模糊、不确定信息的主要方法。该方法在解决自然语言模糊转换、多维度决策分析集以及软件测试度量等问题上均取得了一定成果。

模糊数学中有一个研究的热点问题就是“模糊决策”，它就是研究在模糊环境下或者模糊系统中进行决策的数学理论和方法。模糊决策的目标是把决策域中的对象在模糊环境下进行排序，或按某些模糊限制条件从决策域中选择出最优对象。当被评价的对象有两个以上时，从多个对象中选择出一个最优的方法，称为多目标模糊综合评价决策法。可以将多个事物排序，得到相对排名和得分。该综合评价法根据模糊数学的隶属度理论，将定性评价转化为定量评价，用模糊数学对受到多种因素制约的事物或对象做出一个总体评价。它具有结果清晰、系统性强等特点，能较好地解决模糊的、难以量化的问题，适合解决各种非确定性问题。

模糊数学综合风险评估法是借鉴模糊数学理论建立的一种风险评估模型，主要是利用模糊数学中的“隶属度”或者称为“隶属函数”的理论，描述评价过程中的模糊信息，科学地选择因素阈值，然后确定权重，再利用传统的数学方法进行统计处理，从而科学地得出综合的评价结论。

三、云模型

云模型的理论基础是模糊数学，通过定义的公式实现定性语言值与定量数值之间的转换。云模型的使用较为方便，一是能在一定程度上使正态分布形成的必要条件减少，二是它所建立的期望函数比较合适。云模型在应用过程中，可以准确地表现待评价数据中的不确定性以及模型使用者主观上的不确定性，该模型已经广泛地使用在管理决策和评价中。

一般而言，云是由三个确定数组成的，分别是期望值 E_x、熵 E_n 和超熵 H_e，表示方法为（E_x，E_n，H_e），这三个确定数能够把语言值转变成数值来比较。E_x表示论域范围之内反映此定性语言值的最恰当的一个点，也是论域内的平均数值。E_n代表论域范围内能够显示定性概念所表达的区域，这个点被称为模糊性，此外，它还表示论域范围内的点能体现此定性概念的可能性大小，这个点被称之随机性。H_e代表了论域范围之内的聚集程度，该聚集程度能反映该定性语言值的全部点的模糊性，它的数值能够表示整体云的离散程度。

四、灰色模型

社会系统、信息系统和经济系统等各种系统都含有许多因素。我们需要对这些因素进行系统地分析，弄清楚这些因素中哪些是主要的、哪些是次要的；哪些影响大、哪些影响小；哪些需要发展、哪些需要抑制；哪些是明显的、哪些是潜在的。灰色模型适合需要小样本、不确定性因素的评估。

在控制论中，通常借助颜色来表示研究者对系统内部信息和对系统本身的了解和认识程度。其中，用“黑”表示信息未知，用“白”表示信息完全明确，用“灰”表示部分信息明确、部分信息不明确。相应地，根据系统的信息是否完全为标准，可以将系统划分为黑色系统、白色系统及灰色系统。如果一个系统具有层次、结构关系的模糊性，动态变化的随机性，指标数据的不完备或不确定性，则称这些特性为灰色性。具有灰色性的系统称为灰色系统。

对灰色系统建立的预测模型，称为灰色模型（简称 GM 模型），它揭示了系统内部事物连续发展变化的过程。灰色模型源于灰色理论。灰色模型介于白色模型与黑色模型之间，是内部信息部分确知、部分信息不确知的系统。因此，灰色系统理论主要研究的就是“外延明确，内涵不明确”的“小样本，贫信息”问题。灰色模型通过少量的、不完全的信息，建立灰色微分预测模型，对事物发展规律做出模糊性的长期描述，这是模糊预测领域中理论、方法较为完善的预测学分支。

灰色模型经过多个领域的使用验证了模型的预测精度，且使用简便，既可用于软科学，如社会、经济等方面，又可用于硬科学，如工业过程的预测控制。不管样本量有多少，样本有无规律，灰色关联分析都适用，而且计算量小、应用十分方便，更不会出现量化结果与定性分析结果不符的情况。因此，灰色关联分析方法是系统分析中很有独特优势、比较实用和可靠的一种分析方法。

五、回归模型

回归模型是一种预测性的建模技术，它研究的是因变量（目标）和自变量（预测器）之间的关系。这种技术通常用于预测分析时间序列模型以及发现变量之间的因果关系。回归模型重要的基础或者方法就是回归分析，回归分析是研究一个变量（被解释变量）关于另一个（些）变量（解释变量）的具体依赖关系的计算方法和理论，是建模和分析数据的重要工具。

回归分析法指利用数据统计原理，对大量统计数据进行数学处理，并确定因变量与某些自变量的相关关系，建立一个相关性较好的回归方程（函数表达式），并加以外推，用于预测因变量变化的分析方法。根据因变量和自变量的个数，可分为一元回归分析和多元回归分析；根据因变量和自变量的函数表达式，可分为线性回归分析和非线性回归分析。

回归分析法主要解决的问题为：确定变量之间是否存在相关关系，若存在，则找出数学表达式；根据一个或几个变量的值，预测或控制另一个或几个变量的值，且要估计这种控制或预测可以达到何种精确度。步骤如下：根据自变量与因变量的现有数据以及关系，初步设定回归方程；求出合理的回归系数；进行相关性检验，确定相关系数；在符合相关性要求后，即可根据已得的回归方程与具体条件相结合，来确定事物的未来状况，并计算预测值的置信区间。

六、决策树模型

决策树模型是一种逼近离散函数值的方法，属于有监督的机器学习。其决策树呈树形结构，用于战略评估的分类问题和预测问题。学习时，利用训练数据，根据损失函数最小化的原则建立决策树模型；预测时，对新的数据，利用已建立的决策模型进行分类。具体步骤是：首先，对数据进行处理，利用归纳算法生成可读的规则和决策树，之后，使用决策树对新数据进行分析。本质上，决策树是通过一系列规则对数据进行分类的过程。

在生成决策树的过程中，学习采用的是自顶向下的递归方法，其基本思想是以信息熵为度量构造一棵熵值下降最快的树，到叶子节点处，熵值为0。其具有可读性、分类速度快等优点。当然，决策树模型也存在一定的不足，比如，对未知的测试数据未必有好的分类、泛化能力，即可能发生过拟合现象，此时可采用剪枝或随机森林。

七、随机森林模型

随机森林模型是一种集成学习方法，属于机器学习，是以一系列由独立同分布的随机变量［$k=1, 2, \cdots, n$］决定的决策树为基本学习器，进行集成学习并选出最优方案的学习方法。随机变量主要是由随机森林的两大随机思想决定的：袋装思想和特征子空间思想。

随机森林的优点主要体现在以下五个方面：一是在当前的很多数据集上，相对其他算法有着很大的优势，表现良好。它能够处理很高维度（特征很多）的数据，并且不用做特征选择（因为特征子集是随机选择的）。二是在训练完后，它能够给出哪些特征比较重要。三是训练速度快，容易做成并行化方法（训练时树与树之间是相互独立的）。四是在训练过程中，能够检测到特征间的互相影响。五是对数据集是“友好”的。对于不平衡的数据集来说，它可以平衡误差；如果存在很大一部分的特征遗失的数据集，仍可以维持准确度。同时，随机森林模型也存在一些缺点，比如，随机森林在某些噪音较大的分类或回归问题上会过拟合；对于有不同取值的属性的数据，取值划分较多的属性会对随机森林产生更大的影响，所以，随机森林在这种数据上产出的属性权值是不可信的。

八、神经网络模型

神经网络是由大量的、简单的处理单元（称为“神经元”）广泛地互相连接而形成的复杂网络系统，它反映了人脑功能的许多基本特征，是一个高度复杂的非线性动力学习系统。神经网络具有大规模并行、分布式存储和处理、自组织、自适应和自学能力，特别适合处理需要同时考虑许多因素和条件的、不精确和模糊的信息处理问题。神经网络的发展与神经科学、数理科学、认知科学、计算机科学、人工智能、信息科学、控制论、机器人学、微电子学、心理学、光计算、分子生物学等有关，是一门新兴的边缘交叉学科。

神经网络的基础在于神经元。神经元是以生物神经系统的神经细胞为基础的生物模型。在人们对生物神经系统进行研究，以探讨人工智能的机制时，把神经元数学化，从而产生了神经元数学模型。大量形式相同的神经元连结在一起就组成了神经网络。神经网络是一个高度非线性动力学系统。虽然，每个神经元的结构和功能都不复杂，但是神经网络的动态行为则是十分复杂的；因此，用神经网络可以表达实际物理世界的各种现象。

神经网络模型是以神经元的数学模型为基础来描述的。神经网络模型由网络拓扑、节点特点和学习规则来表示。神经网络具有以下能力：并行分布处理；高度鲁棒性和容错能力；分布存储及学习能力；能充分逼近复杂的非线性关系。

学习能力是神经网络一种最重要也最令人注目的特点。在神经网络的发展进程中，学习算法的研究有着十分重要的地位。目前，人们所提出的神经网络模型都是和学习算法相对应的。所以，有时人们并不去祈求对模型和算法进行严格的定义或区分，有的模型可以有多种算法，而有的算法可能用于多种模型。

第六节　组织实施

关于如何组织实施太空战略评估有很多相关研究和讨论，借鉴运用战争评估工程思路开展太空战略评估是一种比较可行的方法，世界发达国家都在不同程度上探索和发展这类方法。根据近年来的理论研究成果，结合部分实践分析经验，太空战略评估基本过程框架，主要包括评估需求分析、确定评估目标、获取评估对象信息、建立评估指标体系、选择评估方法工具、评估结果分析验证、评估结果反馈等重要环节。

一、评估需求分析

依据战略需求工程的方法，明确太空战略评估需求，主要包括分析太空战略评估的目的意义和明确评估的基本范围与主要内容等。太空战略评估目的是指评估预期能达到的目标，主要内容是指明确所要评估的问题、评估的相关领域以及评估的方法、工具等。

二、确定评估目标

太空战略评估的总体设计组依据需求分析应该确定评估的任务，主要包括确定太空战略评估的具体问题及评估的具体目标。设计组主要依据需求分析的结果从太空战略评估的问题集中挑选出其中与具体评估实例相关的问题或直接明确所要评估的问题，并根据评估的问题明确评估的具体目标。

三、获取评估对象信息

依据太空战略评估目标确定的具体评估问题及目标，确定此次评估对象，而评估对象的有关信息已经通过太空战略评估基础方法、手段采集到评估信息库中，为了使评估继续进行，需要依据评估机制到评估信息库中获取评估对象有关信息。

四、建立评估指标体系

根据评估的问题及目标，针对评估对象建立一套完整的太空战略评估指标体系，重点是把问题按照一定的逻辑关系逐级逐层向下分解，分解成若干个子问题及要素，构建能够定量或定性评估的指标体系。比如评估太空系统的军事系统，需要考虑军事系统的作战能力、完成任务的情况等方面，不断划分选取相关的指标建立评估指标体系。

五、选择评估方法工具

根据评估的方法和模型，可以制作一系列专门用于太空战略评估的工具集，可以包含其他领域如经济领域、政治领域等分析工具，同时评估的方法模型集和工具集可以不断进行更新，能够修改、增删评估方法或评估模型等。在进行战略评估时，根据所选取评估问题和评估的目的、指标体系等，选择合适的方法模型和工具，从而可以方便、快捷地进行操作。

六、评估结果分析验证

虽然按照太空战略评估组织实施的完整流程开展评估分析在一定程度上能够保证评估结果的真实性和可信性，但由于评估过程中存在很多不确定性和主观性因素，研究分析得到的评估结论的准确性、全面性还需要进一步验证。在得到初步评估结果后，对能够在计算机系统上模拟的问题应调整参数反复运行、对比分析，使评估结果尽可能地接近实际或符合实践。对于重要事件或者态势的评估，尤其是关于太空战略全局的问题，还应专门组织领域专家对评估结果进行分析研判。

七、评估结果反馈

太空战略评估的结果应通过信息网络等及时反馈给指挥、决策和其他研究人员。在整个过程中，太空战略评估的结果根据事先明确的使用群体及群体的权限能够及时地反馈到他们手中，相关用户根据评估的结果实时调整策略，用户也可以对评估结果表示质疑并将可疑之处反馈给评估方。

第三章　太空实力评估

太空是继陆地、海洋、天空之后人类第四个生存空间，日益成为经济增长点、军事斗争新战场、国家安全新疆域。主要大国和中等强国都把太空作为国家安全的重要支撑，置于优先发展方向。谁能率先进入太空、充分利用太空、有效控制太空，谁就能在国际激烈竞争中占据制高点。太空实力评估是太空战略评估的重要组成部分之一，重在通过定性与定量、静态与动态相结合的方法，评估主要国家太空综合实力，对比分析主要国家太空领域综合发展情况。太空实力评估，可从“军事实力”“政治实力”“技术实力”“经济实力”“外交实力”等多维度多视角，了解掌握各国或地区太空实力发展水平、强弱长短，研究分析有关国家或地区为推动太空实力发展所采取的措施、方法及达成的效果，支撑“知己知彼”相关研究和决策咨询。

第一节　评估内容

当前，美国作为世界航天强国，追求绝对太空优势。俄罗斯矢志恢复航天强国地位，力求通过非对称手段维持对美战略平衡。欧盟实行统一航天政策，商业航天具有优势。日本、印度积极发展独立航天能力。朝鲜、韩国、以色列、巴西、南非、伊朗等加快发展太空系统。随着太空技术扩散，未来将有更多国家进入太空。和平用天、合作共赢仍是主流，但主要大国围绕太空优势和主导权的争夺日趋激烈。

特别是伴随近年来科学技术日新月异，各国围绕太空的军事竞争与较量不断升级。美国、法国、日本、英国、德国、韩国等纷纷建立太空军事力量，加紧研究作战理论和作战样式。与此同时，各国的太空博弈正加速向临近空间和地月空间延伸拓展，太空力量多元混合运用的特点更加凸显。太空军事化呈现出新动向，新一轮太空军事化正在增加国家间发生太空对抗冲突的风险。

他山之石，可以攻玉。对主要国家和地区的太空实力开展静态与动态评估，可为明确太空力量建设发展与运用方向重点、加快构建太空领域一体化国家战略体系和能力等提供重要参考。明确太空实力评估的内涵，界定太空实力评估的内容，制订太空实力评估分类分级的标准，是开展太空实力评估的基础。

一、太空实力评估的必要性

太空作为国际战略竞争的重要领域，一直以来都是各航天大国的必争之地。随着太空力量在国家安全领域的重要性日益增加，主要国家加速进军太空、经略太空，太空领域的合作、竞争与对抗态势并存。在竞争与合作的博弈较量下，各国或地区的太空发展战略、太空能力差距不断演变。立足全球视野，纵览太空全局，清晰把握各国或地区的太空实力发展现状，利用合理的太空实力评估指标体系、科学的指标计算方法，客观衡量各国或地区太空实力在全球太空力量序列中的位次，精准把握主要国家太空实力发展的优势与劣势，是决策太空力量未来发展的重要课题。

太空实力评估是制定国家太空战略目标的基础。国家太空战略目标的制定是基于当下各类能力以及目标周期内各类能力的发展预期为依据的，太空实力评估是太空战略制定的关键支撑，是太空战略能力的重要体现。太空实力评估作为战略筹划与发展的重要组成部分，需客观掌握和审视国家太空战略能力水平及其发展预期，为客观制定国家战略目标提供重要支撑。

太空实力评估是客观认知国家太空实力水平的关键途径。太空实力评估是对一个国家太空领域综合建设发展与运用情况的系统分析，是对太空领域资源和力量手段以及实施效果的综合评价。通过太空实力评估，可全面掌握国家太空战略能力现实水平，厘清现实能力与目标能力之间的差距，找准发展方向和发展重点。新时代太空领域发展日新月异，全方位维护国家太空安全与发展利益、营造于我有利的战略态势，面临严峻挑战和重大威胁。通过太空实力评估，全方位分析国家太空现有能力与实现战略目标、履行使命要求的差距，可为查漏补缺、固强补弱提供针对性的参考建议。

二、太空实力评估的含义及内容

在界定太空实力的含义前，需先了解与之相关的国家实力、太空力量的概念。国家实力是指一个国家在一定历史时期所拥有的内部力量与外部影响力的总和。[①] 美国国防部 2020 年发布的《国防太空战略概要》中，太空力量的定义是一个国家在和平或者战时利用太空进行外交、信息、军事和经济活动以实现国家目标的能力总和。太空力量包括三层含义：一是利用太空力量支持、支援国家安全战略，实现国家安全目标的能力。二是利用民事、商业、信息和国家安全航天系统以及相关的外层太空基础设施，无论在战时还是平时，支撑国家安全战略和实现国家目标的能力。三是国家进入太空、到

① 康绍邦，宫力等著．国际战略新论．北京：解放军出版社，2006.

达太空、经由太空以及从太空发起行动并施加影响，以实现其目标的全部能力。[①] 此外，20 世纪 90 年代，美国哈佛大学教授约瑟夫·奈在《软实力》论文中提出了软实力的概念。约瑟夫·奈指出，一个国家的综合国力既包括由经济、科技、军事实力等表现出来的硬实力，也包括以文化和意识形态吸引力体现出来的软实力。软实力作为国家综合国力的重要组成部分，特指一个国家依靠政治制度的吸引力、文化价值的感召力和国民形象的亲和力等释放出来的无形影响力。从软实力的内涵来看，可以体现为政治实力和外交实力两方面。

综合国家实力和太空力量定义，太空实力是指一个国家在特定历史时期所拥有的参与太空活动的全部力量的总和，不仅包括技术、太空设备、设施，还包括经济和科技体系等力量资源的支持。从本质上来讲，太空实力是广义性、综合性、系统性的概念，是一国或地区实施航天活动的核心要素和价值所在。结合国家综合实力的内涵，太空实力包括硬实力与软实力，主要体现在军事实力、政治实力、经济实力、技术实力和外交实力五个方面。一国或地区太空实力越强，表明该国或地区实施太空活动的能力越高，包括具有清晰、可行、持续的航天发展战略；在航天技术开发上具有一定比例的、稳定持续的研究投入；在航天技术的某些领域处于国际领先地位；航天产业在全球国际航天市场中占有一定的市场份额；广泛参与国家或地区间航天合作，并掌握主导权或话语权等。

因此，进一步理解，太空实力的评估就是对一个国家的太空能力以及可以调动的其他与太空实力相关的资源等进行综合评估，是以统一的尺度标准测评各国或地区航天能力水平，比较各国或地区

① 聂春明，王志波，毛翔，吴志丹编译．太空力量与国家安全．北京：航天工业出版社，2016（6）．

间航天能力相对差距，测算代表各国或地区太空实力发展水平的分值，完成以国家或地区为单元实体的全球太空实力排序，确定各国或地区在全球太空领域的位次。

在统一尺度标准下评估各国或地区发展、实施太空活动的能力，能实现对各国太空实力从定性描述到定量测算的跃变。所以，对太空实力进行评估需要从宏观的角度展开。在战略评估学界，学者们采用 STEMP 方法进行评估。[①] 其中，S 代表社会领域、T 代表技术领域、E 代表经济领域、M 代表军事领域、P 代表政治领域。借以鉴之，可从社会、技术、经济、军事和政治等领域，从太空政治实力、太空军事实力、太空科技实力、太空经济实力以及太空综合实力五个核心评估维度，开展太空实力评估研究。

三、太空实力评估的分类分级

对太空实力进行分类分级，可直观反映评估的结果，提高决策的科学性。指标评价结果的分级，可采用五值逻辑分类法，即："强""较强""中等""较弱""弱"。对数据统计分析，确定最优和最差两个极限值，再划定指标的级差范围，在两个极限值之间，按照一定的极差，以阈值递减的规律取值来实现量化分级。

在太空政治实力评估、太空军事实力评估、太空科技实力评估、太空经济实力评估和太空综合实力评估的各指标体系中，按照各分量指标的评价结果，可以雷达图、直方图、饼图等形式直观展现，以提升太空实力评估的可视化效果。

2017 年 9 月，美国智库国家公共政策研究所发布《外国太空能力》研究报告。2021 年 4 月，美国智库安全世界基金会发布《全球

① 周丕启．大战略评估——战略环境分析与判断．北京：时事出版社，2019.

反太空能力2021》评估报告。2021年10月，美国智库传统基金会发布《2022年美国军力指数》报告。这些报告都是典型的太空实力评估结果。比如，《2022年美国军力指数》在分析全球作战环境对美国影响、美国核心利益所面临威胁以及美国当前军力水平基础上，首次对太空军[①]这一新军种开展军力指数评估。

第二节 指标体系设计

每一项评估都必须解释清楚“谁、对何事、为了什么目的、依据什么标准、如何进行评估”，这就形成了评估的基本要素：评估主体、评估对象、评估目的、评估指标、评估方法。评估指标体系的设计、数据来源及数据处理等问题，是开展评估最基本也是最核心的问题，关乎评估结果的正确性、科学性、权威性。[②]

太空实力评估模型由指标体系、模型算法、数据等构成，其中，指标体系是核心，模型算法是关键，数据是基础。对太空实力评估对象建立指标，有助于对研究对象进行系统、全面评价，防止片面性、避免盲目性，使评价更加科学。指标体系的建立便于研究人员明确各个评价指标的作用及相互关系，针对不同的评估对象，选用差异化评价指标，从而使得指标体系的完整性与指标运用的针对性有机结合在一起，为科学开展太空实力评估提供关键支撑。太空实力评估指标体系的搭建以需求为导向，以高效实用为原则，以服务于太空实力提升为目的，搭建精细化指标体系结构，提升指标体系的科学性、合理性、完备性。数据是评估模型的基础，主要包括定

---

① 2019年12月20日，美国正式通过国防授权法案，建立“太空军”。

② 骆建成，张昕．充分发挥战略评估作用，科学推进军民融合深度发展．中国军事科学，2018（1）．

性数据与定量数据，须对数据开展归一化研究，为数据的规范化输入奠定基础。模型算法是太空实力评估的关键，须对评估模型开展研究，搭建数据与指标体系之间的沟通桥梁。

一、评估指标体系设计原则

太空实力评估是对各航天国家或地区的太空综合实力进行分析判断的过程，因此其评估指标体系不是若干指标的简单叠加和随意组合，而是根据某些原则建立起来并能反映各国或地区整体太空实力的指标集合。

一是综合性与完备性原则。太空实力是在多个维度多元要素的相互铰链和相互影响下体现出来的，太空实力评估指标体系应基本覆盖主要方面、体现主要特征，同时尽量避免指标间关联，体现指标体系的综合性与完备性。各国或地区的航天能力是多元化的，由若干个相互联系、相互影响的维度构成。根据航天自身的综合性特点，涉及到政策预算、宇航技术、工业基础、产业发展、创新研发等方方面面，在构建指标体系时，为更准确地反映世界航天真实发展状况，要从不同维度对太空实力进行全面的评估，体现为评估指标体系的综合性。另外，指标体系的设计应当完备，要能明确把握国家或地区层面太空实力的实质，充分体现太空实力内涵，基本反映各国家或地区太空实力的主要方面和主要特征。科学的评估指标体系必须要能反映评估对象的各方面状态，如果指标体系不完备，就无法对评估对象做出整体判断。这要求指标体系在设计时应该覆盖面广，能综合反映各国或地区太空实力的各种要素，并且指标间不能重叠过多，过多的重叠会导致评估结果失真。

二是科学性与可行性原则。太空实力评估应在充分掌握各维度内涵规律的基础上，采用科学可行的评估算法进行计算，适当分层且不能稀释关键指标。太空实力评估要深入研究航天发展的内在规律，采用的评估方法、程序、标准必须符合被评对象的特点。必须以科学的理论为基础选取评估指标，指标体系中各指标的目的要明确，定义准确，内容简明，易于理解。对各国或地区太空实力进行评估，既要能科学、迅速、准确地反映其价值，还要注意评估指标的典型性，充分考虑采样源数据的难易程度和可持续性，在事实基础上以实用和可行作为原则选取科学的评估方法和评估指标，适度简化评估过程，使评估具有可操作与易操作性。评估可行的前提是分层适度、方法合理，如果分层过少会加大误差，使结果失真，不能起到评估的作用；而分得太细、方法太复杂，则会降低评估的现实价值，使得评估难以应用与推广。

三是可测性与可比性原则。太空实力评估指标体系应该充分考虑数据的可获得性与指标量化的难易程度，定量与定性相结合。在设计指标体系时，应该最大程度地增加定量指标数量，减少定性指标数量。对于定量指标数据的获得，应保证其统计口径的一致；对于定性指标的量化，应有科学的手段与标准。选取的评估指标必须在可比的前提之下，才能更科学合理地进行比较研究，对研究的进程带来更现实的意义。首先，要明确每个评估指标的含义、指标口径和适用范围，以确保每项指标分别在空间和时间上，可以实现横向和纵向的比较。其次，每个指标都有不同的标尺，为更客观地对各国或地区太空实力进行综合评估，这些标尺需要一致，进而确保具有不同单位的数据在无量纲的情况下可以比较。最后，指标的计算方法应该简洁、明确。

四是即时性与前瞻性原则。不同国家太空领域发展现状和发展阶段不同，太空实力评估指标既要反映现状，也要反映发展过程与未来前景，要从动态和静态两个方面进行综合评价，确保评估兼顾即时性和前瞻性。太空是各国竞相角力的竞技场，也是信息化时代发展数字经济、信息经济的重要领域。传统航天国家凭借基础优势不断提出新的航天计划，验证新的航天技术，发射新的航天系统；新兴航天国家搭乘进入空间和利用空间的技术浪潮，采用技术引进、自主研发等多样化方式，积极参与全球航天活动，并快速具备了一定的航天能力。在全球航天快速发展的背景下，在分析各国航天能力时要充分考虑到变化的因素；并且，各国太空的竞争体现在竞争力和潜在竞争力两方面：前者指构成各国太空实力各要素有机结合形成的并已表现出来的整体实力，反映的是各国目前已具备的太空实力；后者指随环境变化可以使得构成各国太空实力各要素实力增强，其实质是对各国未来太空实力的预测。因此，设计的指标既要能够反映现实中的结果，也能反映出太空技术的发展过程和未来前景。

二、评估指标体系架构设计

为了衡量各国或地区太空实力在全球格局中的地位或竞争位势的高低，需要设计出一套科学、系统、客观的指标体系，运用定量计算与定性分析方法，对世界太空实力格局做出系统、科学、合理的多指标综合评判。

系统归纳各国或地区为推动太空实力发展所采取的措施、方法及达成的效果，深刻剖析航天产业的具体特点，提炼出各国或地区太空实力的核心评估维度，即“军事实力”“政治实力”“技术实力”“经济实力”“外交实力”，形成太空实力评估指标体系架构，多视角量化评估各国或地区太空实力发展水平。

从五个核心评估维度细化至一级指标、二级指标、三级指标。为考虑整体书写方便，太空实力评估指标评估维度层、一级指标层、二级指标层见图 3 - 1 所示。

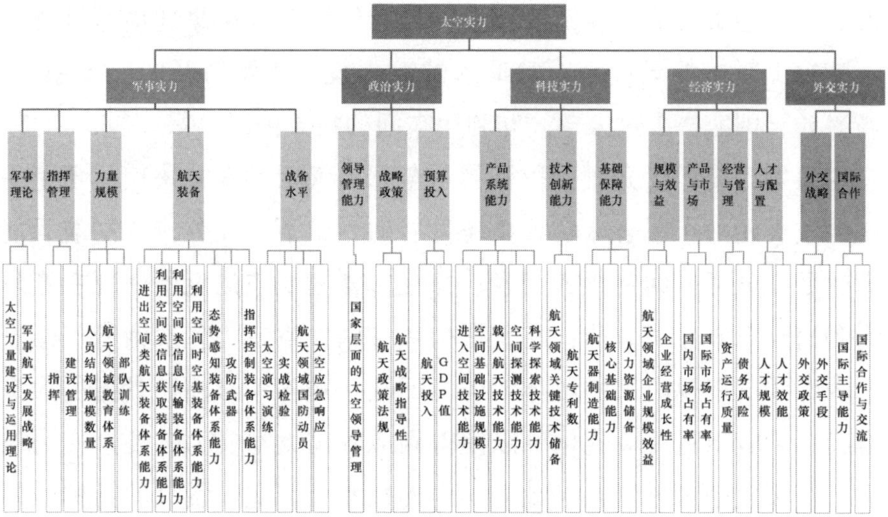

图3－1　太空实力评估指标体系架构示意图

一是军事实力。军事实力是各国或地区太空军事实力的全面衡量，集中表现为太空系统军事实力的构建和用于军事的航天装备的技术能力等。太空系统军事实力的构建包括组织机构的设置、人员规模、航天装备能力、运用能力等。军事实力的评估主要从军事理论、指挥管理、力量规模、航天装备、战备水平等方面进行考核。

二是政治实力。政治实力是各国或地区发展航天的根本，集中反映了政府对太空的重视程度和发展太空的国家意志。本质上讲，太空是战略性产业，太空能力发展必须以政府支持为必要前提。在整个评价太空实力方面，政治实力是指政府的领导能力，属于操作性实力，是其他四个方面能力能否发挥作用的基础。美国战略学家雷·克莱因（Ray S. Cline）指出，国家意志是规划、贯彻国家战略并取得成功的基石，是国家调动其民众就政府在防务与对外政策方面做出决定的能力，是一个国家能够有效调动其资源与实力共同奋斗达到预定目标的特质。从太空实力的评估角度来看，政治实力主要取决于政府对太空领域的领导效率，即各太空国家或地区的政府机构对其辖属太空活动的规划、引导与发展起着核心主导作用，并从战略政策、预算投入、组织管理等方面给予支持。综上所述，在政治实力维度上，主要涉及各国或地区制定、发布和实施的太空战略、政策、规划，政府为推动太空发展投入的经费预算，以及政府太空管理机构为推动本国或地区太空发展所发挥的作用等，即可以领导管理能力、战略政策、预算投入三个方面对太空领域的政治实力进行评估。

三是技术实力。技术实力是各国或地区发展航天的有力推动，表现为战略引领能力、产品系统能力、技术创新能力、基础保障能力、产业发展能力、国际主动能力六个方面。其中，战略引领能力是衡量一个国家航天发展长期规划、主导、持续性发展和保障的指标。产品系统能力主要表征一个国家进入空间的能力，衡量一个国家利用空间资源为广大用户提供服务的能力。技术创新能力是太空孕育重大变革、催生颠覆式革新的源力，是太空能力实现跨越式发展的核心引擎，太空是高新技术集聚领域，太空的发展将引领各行业科技创新，各行业科技创新又将推动太空发展。人才储备和智力储备是提升太空创新实力的关键。基础保障能力是动态性标准，既要评估各国或地区太空制造的实力，也要评估其核心基础能力和科学发展潜力。产业发展能力是衡量航天产业效益和带动性，表征航天工业发展的产业带动性和对国家经济发展的产业推动力。国际主导力主要是衡量一个国家在航天技术上的领先和创新、一个国家在国际上的话语权和主导权以及影响力等。由于该指标体系是考虑一个国家航天实力多个方面的能力，而在本书实力评估模型中，政治实力包含了战略政策内容；技术实力包含了航天产业的效益、产业推动力等内容；外交实力中包含了外交政策、国际主导力等内容。综上所述，本研究对于技术实力的评估，选取能够直接表征太空领域技术实力的产品系统能力、技术创新能力、基础保障能力三个方面进行评估。

四是经济实力。经济实力是衡量一个国家或地区太空是否具备可持续发展能力的重要标准。世界航天产业按照市场构成可分为政府驱动和商业市场驱动两大部分；其中，政府航天驱动具体细分为军用和民用两个部分，各国政府的年度航天预算是主要的经济来源；商业市场由商业基础设施与保障、面向用户的商业航天产品与服务两个部分构成，商业市场收入以公司和企业的产值为主要经济来源。随着太空服务和产业不断发展，全球商业航天产值已占全球太空经济产值的3/4以上。航天产业不仅开创了人类卫星应用的大众消费时代，更为太空自身发展不断注入新的活力，吸引各国或地区加大太空发展力度，进而推动太空能力发展。一个国家拥有的世界一流企业的经济实力则反映了该国航天领域的经济实力。因此，本部分指标主要包含企业规模与效益、产品与市场、经营与管理、人才与队伍、技术与创新、国际化发展等方面；结合本书其他方面的评估，将“技术与创新”能力的评估放在“技术实力”评估中进行考量，将“国际化发展”统一合并在“外交实力”中进行考量。因此，对于经济实力的评估，选取能够直接反映太空领域经济实力的规模与效益、产品与市场、经营与管理、人才与配置等方面进行评估。

五是外交实力。外交实力是国家拥有的潜在主观条件，通过外交策略与技巧的运用，对其他对象施加压力或影响，使之改变态度、接受或服从本国主张并顺利实现外交意图的潜在能力。一个国家的外交，不但要以经济竞争力、军事实力、创新力等硬实力做后盾，更要以政治影响力、国际公信力、道义感召力等软实力为先导。在太空安全领域的外交实力是本国太空军事实力、技术实力、经济实力的综合体现，表现为外交政策与实施力度、外交事件及外交意图的达成度等。外交主要是通过外交策略、外交手段、国际影响力、国际合作与交流，来展示国家大国形象、宣传国家外交政策，同时也是增进各国和平共处、合作发展的重要途径。因此，外交实力的评估，主要从外交战略、国际合作两个方面进行评估。

第三节　评估模型与方法

指标体系构建完成后，需要确定指标的权重，指标权重主要依靠 AHP 和专家打分法；数据处理分析包括定性数据和定量数据的处理分析。

一、太空实力评估指标权重

指标权重确定原则包括客观性原则和目的性原则。客观性原则，即指标权重的确定能充分反映出被评对象的自身特点及其所处的环境。目的性原则，即在确定权重时，要尽可能反映出评估主体的意图和策略，要尽可能反映出评估主体的偏重点。

指标权重确定的方法主要可以分为两类：主观赋权法和客观赋权法。其中，主观赋权法主要包括层次分析法（Analyrtical Hierarchy Process，AHP）、德尔菲法（Delphi，又称专家打分法）；客观赋权法主要包括主成分分析法、因素分析法和熵权法等。主观赋权法相比客观赋权法，在研究中的应用更多。

综合指数评价法是最常用的方法之一，它是通过建立一套科学系统而完整的指标体系用以概述和评估各国航天能力。数据包络法是运筹学的一个重要运用，它是借助数学规划模型，利用有效的样本数据，以相对效率为基础比较决策单元，最后对决策单元进行评价。这种方法优点在于无需完全了解各决策单元的关联方式，但只注重发展现状，而忽视了各国航天发展潜力的因素。

当我们在对某些事件进行评估时，往往会考虑到影响事件的各个方面，当需要考虑的因素较少时，一般只需通过简单的分析、判断就会得出结果，有时甚至只靠经验就能得到令人满意的答案；但实际上，在许多事件评估上，我们往往需要考虑许多错综复杂的因素，在面对这些缺乏定量数据又没有分析手段帮助的事件时，复杂的因素难以找到分析的切入点，不易得到满意的决策结果。

层次分析法为我们解决这类问题找到了一条捷径。与其他的评价方法相比，层次分析法简明易用，能把复杂的问题变成简单的描述，而不是一味地探索繁杂的数学描述以达到可以完备地描述评估问题的目的，通过层次分析法评估决策问题的结果往往能够与实际较好的契合。

层次分析法的基本程序是通过将评估目标分成合理、有序的层次而建立起具有描述作用的层次结构，对每个对象进行评估时，确定每个层次中各个元素的重要程度，用判断矩阵的最大特征值和相对的特征向量来确定它们的权重，最后通过对各层次的分析总结得到元素权重。

层次分析法是一种定性与定量相结合的多属性决策方法，是目前国际上公认的一种简洁、方便、有效、实用的论证决策工具。从本质上讲，AHP 是一种思维方法，它把复杂的问题分解为各个组成因素，将这些因素按支配关系分组形成有序的递阶层次结构，通过两两比较的方式确定层次中诸因素的相对重要性，然后综合决策者的判断得到诸因素相对重要性排序，体现了决策思维分解、判断、综合的基本特征。

层次分析法的应用主要包括构造递阶层次结构、建立判断矩阵、排序及一致性检验、确定评估指标权重四个步骤。

一是构造递阶层次结构。建立系统评估指标体系，将评估的问题分解为不同层次的元素，形成有序的递阶层次结构。

二是建立判断矩阵。判断矩阵是以某一要素作为判断准则对下一层要素进行比较确定矩阵元素值，按照 1 ~ 9 判断矩阵标度原则，如表 3 - 1 所示，对因素各层间元素的相对重要性做出判断，得到矩阵 $A = A_{ij}$，表示同一层次中第 i 个因素相对于第 j 个因素相对重要性的比较结果。

表 3 - 1　因子比较说明

标度	两两因子重要性比较说明
1	两因子相比，完全一样重要
3	两因子相比，一个元素比另一个元素稍微重要
5	两因子相比，一个元素比另一个元素明显重要
7	两因子相比，一个元素比另一个元素强烈重要
9	两因子相比，一个元素比另一个元素极端重要
2，4，6，8	比较结果处于上述两相邻判断的中值
倒数	因子 i 与因子 j 的比较结果是因子 j 与因子 i 的比较结果的倒数

三是排序及一致性检验。对每一个判断矩阵求解最大特征根 $\lambda_{\max}$ 及对应的特征向量 W，计算各元素的相对权重。根据 $\lambda_{\max}$ 检验判断矩阵是否存在严重的非一致性来验证判断矩阵的合理性。一致性检验可以通过求解一致性比率 CR 完成：

$$CI = \frac{\lambda_{\max} - n}{n - 1}$$

$$CR = \frac{CI}{RI}$$

式中，CI 为一致性指标，CR 为一致性检验率，RI 为随机一致性指标，RI 值依据矩阵结构从表 3 - 2 中取值。

表3－2　*RI*随机一致性指标标准值

N	2	3	4	5	6	7	8	9	10
RI	0	0.58	0.89	1.12	1.26	1.36	1.41	1.46	1.49

当 $CR<0.1$ 时，特征向量进行归一化处理后得到特征向量 W_i；若 $CR>0.1$，则认为该判断矩阵不满足一致性要求，则根据矩阵标度原则重新评价。

四是确定评估指标权重。依据判断矩阵计算得到的特征向量即为确定的评估指标权重。本研究指标权重采用 AHP 法和专家打分法，重要指标采用 AHP 法确定，其他指标采用专家打分法确定。

二、太空实力评估数据处理分析

数据处理分析是太空实力评估的基础，数据包括定性数据与定量数据；“原始分”是数据的来源；“标准分”确定数据输入的规范性。

太空实力评估定量指标“原始分”，即为该项指标采样得到的原始数据。定性指标“原始分”基于专家经验知识获得，通过系列研讨会，广泛听取专家建议，创建各定性指标的评估标准和评分原则，再邀请对应领域的资深专家参照评分标准对各国或地区的该项太空实力指标打分。不同的定性指标拥有不同的评估标准和评分原则，为避免专家主观性偏差，需尽可能多的邀请多位专家同时对该项指标打分。

太空实力评估定性指标是无量纲数据，定量指标内涵的多样性决定了采样数据的量纲多样性。大量的非标准数据无法直接运算，各指标之间也不具备直接可比性；因此，在开展太空实力评估时，必须对各指标“原始分”进行无量纲处理，生成标准化数据，得到“标准分”。

太空实力评估指标内涵不一，在实施数据标准化处理时必须注意区分低优指标和高优指标。低优指标表示数值越低，该项指标对应的太空实力越强；高优指标表示数值越高，该项指标对应的太空实力越强。假设第 j 个评估对象的第 i 个指标的“标准分”记为 A_{ji}，则全部评估对象的第 i 个指标的“标准分”可记为：

$A_i = \{A_{1i}, A_{2i}, \cdots, A_{ni}\}$

全部评估对象的第 i 个指标的“原始分”记为：

$M_i = \{M_{1i}, M_{2i}, \cdots, M_{ni}\}$

式中，n 为参与评估的国家或地区的总数量，最大“原始分”记为 Max（M_i），最小“原始分”记为 Min（M_i），则低优指标和高优指标的“标准分”计算模型如下：

低优指标的数据标准化处理模型为：

$$A_i = 100 \times \frac{\mathrm{Min}(M)}{M_i}$$

高优指标的数据标准化处理模型为：

$$A_i = 100 \times \frac{M_i}{\mathrm{Max}(M)}$$

通过定量数据的规范化处理，数据由“原始分”过渡到“标准分”，为太空实力评估模型的计算奠定基础。

太空实力评估数学模型是太空实力评估的关键，是数据与指标体系之间的桥梁；通过权重与指标数据的结合获得“加权分”；通过“加权分”的累积求和形成常权模型获得上层指标评估值。依据上述思路，太空实力评估转化为“评估分”矩阵，构建“标准分”矩阵与权重矩阵，通过矩阵运算获得整体太空实力模型的评估结果。

三、“加权分”计算方法

计算出各评估指标的“标准分”只是完成了对各指标数据的无量纲化处理，使得各指标具备了在一致化框架下比较的基础，但无法客观衡量该指标对各国或地区整体太空实力的贡献度。根据各指标对各国或地区整体太空实力的贡献度，即其在太空实力评估指标体系中的权重，即可计算得到各指标的“加权分”。假设某指标的权重为 w_i，其“标准分”为 A_i，则该指标的“加权分” C_i 为：

$$C_i = A_i \times w_i$$

四、“评估分”计算方法

常权模型构建相对简单，并能综合考虑各指标要素的相对重要性，使综合值在一定程度上能够反映各指标的综合优度，因此，在研究中利用常权模型计算各评估国家或地区的太空实力“评估分”。常权模型的核心思想为，各国或地区太空实力的“评估分”由该国或地区全部指标的“加权分”累加求和得到。假设第 j 个评估对象存在某项指标，其“加权分”记为 C_{ji}，则该第 j 个被评对象的“评估分” S_j 为：

$$S_j = \sum_{i=1}^{n} C_{ji}$$

式中，$1 \leqslant j \leqslant m$，$m$ 为被评估对象个数；$1 \leqslant i \leqslant n$，$n$ 为评估指标个数。

由“原始分”“标准分”“加权分”和“评估分”计算方法，可以建立太空实力评估模型。假设共有 m 个对象参与评估，太空实力评估指标共有 n 个评估指标，若其中第 i 个指标的权重记为 w_i，该指标体系的“标准分”记为 A_{ji}，则可构建太空实力评估模型的矩阵式，如下所述：

$$S = A \times w^T$$

式中，S 为全部评估对象的“评估分”矩阵，展开为：

$$S = \begin{pmatrix} S_1 \\ \vdots \\ S_m \end{pmatrix}$$

A 为全部评估对象对应太空实力评估指标的“标准分”矩阵，展开为：

$$A = \begin{pmatrix} A_{11} & \cdots & A_{1n} \\ \vdots & \vdots & \vdots \\ A_{m1} & \cdots & A_{mn} \end{pmatrix}$$

w 为评估对象对应太空实力评估指标的权重矩阵，展开为：

$$w = (w_1, w_2 \cdots, w_m)$$

因此，太空实力评估模型可表示为：

$$S = \begin{pmatrix} S_1 \\ \vdots \\ S_m \end{pmatrix} = \begin{pmatrix} A_{11} & \cdots & A_{1n} \\ \vdots & \vdots & \vdots \\ A_{m1} & \cdots & A_{mn} \end{pmatrix} \times (w_1, w_2 \cdots, w_m)^T$$

式中，W_i 值在构建太空实力评估指标体系时，利用层次分析方法和专家评分法获得；A_{ji} 的值通过采集各评估对象对应的太空实力评估指标的原始数据，并做标准化处理后获得；依据上述评估模型完成太空实力量化评估。

第四节　案例分析

基于太空实力评估指标体系构建研究、太空实力评估指标权重与数据处理分析以及太空实力评估数学模型研究，太空实力评估计算条件已经具备，下面简要介绍太空实力评估计算案例。通过太空实力评估，可以为瞄准靶标、快步趋近、迭代推进太空战略设计，追赶、比肩和超越太空战略竞争对手提供重要依据。

一、指标权重与数据处理分析计算

各级指标权重的确定是太空实力评估的重要组成部分，底层指标数据处理分析是太空实力评估的基础。

太空实力评估采用层次分析法和专家打分法确定评估指标权重；重要的指标权重采用层次分析法确定，例如核心评估维度层，太空实力评估模型核心评估维度包括军事实力、政治实力、技术实力、经济实力、外交实力，如表3－3、图3－2所示；其他指标采用专家打分法确定，各个指标权重的准确性有赖专家的知识和经验的积累，具有较大的主观性，一级指标、二级指标、三级指标采用专家直接打分法确定，如表3－4所示。

表3－3　基于AHP评估维度权重分配方法示例

评估维度	军事实力	政治实力	技术实力	经济实力	外交实力
军事实力	1	12.5	3	2.5	14.2857
政治实力	0.08	1	0.5	0.4	1
技术实力	0.333	2	1	0.8	2
经济实力	0.4	2.5	1.25	1	2.5
外交实力	0.07	1	0.5	0.4	1

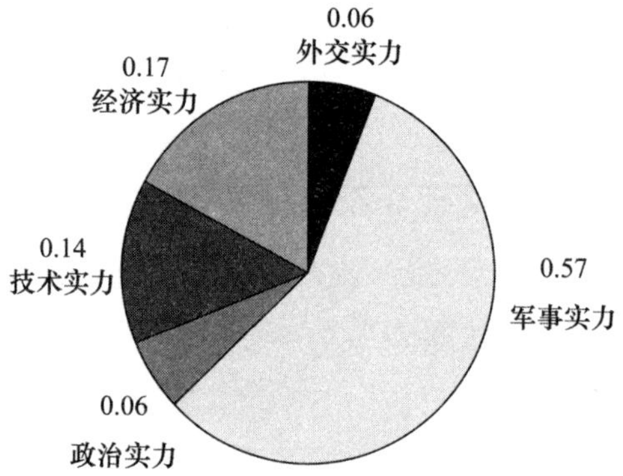

图3－2　太空实力评估维度权重分布示例

表3-4 各级指标权重确定示例

评估维度	评估维度权重	一级指标	一级指标权重确定	二级指标	二级指标权重确定	三级指标（编号、指标要素）		三级指标权重确定
军事实力	0.57	太空理论	0.1	太空力量建设与运用理论	0.5	1	运用理论全局性	0.3
						2	运用理论实用性	0.4
						3	运用理论预见性	0.3
				太空发展战略	0.5	4	太空发展战略指导性	0.4
						5	太空发展战略配套性	0.2
						6	太空发展战略可操作性	0.4
		指挥管理	0.15	指挥	0.6	7	指挥机构	0.5
						8	指挥级别	0.5
				建设管理	0.4	9	机构	0.6
						10	机构级别	0.4
		力量规模	0.2	人员结构及规模数量	0.25	11	组织结构	0.3
						12	人员素质	0.4
						13	主责职能	0.3
				航天领域教育体系	0.4	14	航天专业的学院/分院数量	0.3
						15	航天领域独立的院校数量	0.3
						16	航天领域军事院校典型指挥专业设立/课程开设数量	0.4
				训练	0.35	17	训练队伍建设	0.6
						18	航天训练手段	0.4
		航天装备	0.4	进出空间类航天装备体系能力	0.05	19	年发射次数	0.15
						20	年发射总质量（kg）	0.1
						21	航天发射场数量	0.1
						22	航天发射场发射工位数量及覆盖区域	0.05
						23	天基测控能力	0.3
						24	地基和海基测控能力	0.15
						25	测控覆盖范围	0.15

续表

评估维度	评估维度权重	一级指标	一级指标权重确定	二级指标	二级指标权重确定	三级指标（编号、指标要素）		三级指标权重确定
军事实力	0.57	航天装备	0.4	利用空间类——信息获取类装备体系能力	0.15	26	信息获取手段	0.15
						27	在轨可用卫星数量	0.2
						28	最高成像分辨率	0.2
						29	轨道分布	0.2
						30	电子侦察系统数量	0.25
				利用空间类——信息传输类装备体系能力	0.15	31	在轨通信卫星数量	0.1
						32	通信覆盖能力	0.5
						33	抗干扰通信容量	0.2
						34	天基信息中继能力	0.2
				利用空间类——时空基准类装备体系能力	0.15	35	服务区域覆盖性	0.3
						36	服务精度	0.4
						37	区域增强服务能力	0.3
				态势感知类装备体系能力	0.15	38	导弹预警体系完备性	0.4
						39	空间目标监视体系完备性	0.4
						40	空间目标编目数量	0.1
						41	空间环境监测能力	0.1
				太空防护装备体系能力	0.2	42	太空防护手段	0.5
						43	太空防护装备	0.5
				指挥控制装备体系能力	0.15	44	太空指挥控制系统	0.4
						45	指挥控制能力	0.6
		战备水平	0.15	太空演习演练	0.2	46	太空战略推演	0.2
						47	太空联合演习	0.4
						48	太空防护演习	0.4
				实战检验	0.5	49	参加实战次数	0.7
						50	参加实战方式	0.3
				航天领域国防动员	0.15	51	航天预备役部队规模数量	0.6
						52	航天预备役部队管理体系	0.4

续表

评估维度	评估维度权重	一级指标	一级指标权重确定	二级指标	二级指标权重确定	三级指标（编号、指标要素）		三级指标权重确定
军事实力	0. 57	战备水平	0. 15	太空应急响应	0. 15	53	太空应急装备体系	0. 3
						54	太空应急响应演练次数	0. 3
						55	太空应急装备战略储备	0. 2
						56	太空应急研制发射能力	0. 2
政治实力	0. 06	领导管理能力	0. 3	国家层面的太空领导管理	1	57	太空领导组织体系	0. 5
						58	太空国防体制与国防战略的匹配性	0. 5
		战略政策	0. 2	航天政策法规	0. 5	59	航天政策层级及领域	0. 7
						60	航天政策细化程度	0. 3
				航天战略指导性	0. 5	61	航天战略政策预见性	0. 6
						62	航天军民融合战略	0. 4
		预算投入	0. 5	航天投入	0. 5	63	民用航天投入（亿美元）	0. 6
						64	航天投入（亿美元）	0. 4
				GDP 值	0. 5	65	总航天投入所占 GDP 百分比	0. 4
						66	民用航天投入所占 GDP 百分比	0. 6
技术实力	0. 14	产品系统能力	0. 4	进入空间技术能力	0. 2	67	运载火箭型谱完备性	0. 35
						68	现役火箭最大运力	0. 3
						69	近三年运载火箭发射成功率	0. 35
				空间基础设施规模	0. 15	70	民用在轨运行卫星数量	0. 5
						71	商用在轨运行卫星数量	0. 5
				载人航天技术能力	0. 25	72	载人天地往返能力	0. 2
						73	货运补给能力	0. 2
						74	空间站建设能力	0. 6
				空间探测技术能力	0. 2	75	月球之外其他天体探测程度	0. 5
						76	月球探测程度	0. 5
				科学探索技术能力	0. 2	77	空间科学卫星数量	0. 5
						78	技术试验卫星数量	0. 5

续表

评估维度	评估维度权重	一级指标	一级指标权重确定	二级指标	二级指标权重确定	三级指标（编号、指标要素）		三级指标权重确定
技术实力	0.14	技术创新能力	0.4	航天领域关键技术储备	0.7	79	航天领域重要科技人才的引进与储备	0.4
						80	航天领域先进科技知识研究与储备	0.3
						81	先进科研装备的研制与准备	0.3
				航天专利数	0.3	82	有效专利数量及占比	0.5
						83	有效发明专利数量（万件）	0.5
		基础保障能力	0.2	航天器制造能力	0.3	84	年出厂航天器数量	0.6
						85	年出厂航天器总质量（kg）	0.4
				核心基础能力	0.4	86	航天领域核心元器件自主可控能力	0.5
						87	航天领域核关高材料自主可控能力	0.5
				人力资源储备	0.3	88	航天专业高校排名	0.25
						89	从事航天领域科研机构数量	0.25
						90	从事航天科研人员数量	0.5
经济实力	0.17	规模与效益	0.3	航天领域企业规模效益	0.5	91	航天企业数量	0.3
						92	航天企业资产总额（亿美元）	0.4
						93	航天企业营业收入（亿美元）	0.3
				企业经营成长性	0.5	94	主要航天企业营业收入三年平均增长率	0.5
						95	主要航天企业总资产三年平均增长率	0.5
		产品与市场	0.25	国内市场占有率	0.7	96	航天器用户分布	0.4
						97	核心产品市场占有率	0.6
				国际市场占有率	0.3	98	研制国际航天器的质量	0.2
						99	发射国际航天器的质量	0.2
						100	国际市场份额	0.3
						101	商业资本活跃度	0.3

续表

评估维度	评估维度权重	一级指标	一级指标权重确定	二级指标	二级指标权重确定	三级指标（编号、指标要素）		三级指标权重确定
经济实力	0.17	经营与管理	0.15	资产运行质量	0.6	102	主要航天企业总资产周转率	0.6
						103	主要航天企业成本费用率	0.4
				债务风险	0.4	104	主要航天企业资产负债率	0.5
						105	主要航天企业流动比率	0.5
		人才与配置	0.3	人才规模	0.4	106	主要航天企业人员规模	0.6
						107	主要航天企业人员增长率	0.4
				人才效能	0.6	108	人均创造收入	0.3
						109	人均创造利润	0.4
						110	人均劳动报酬	0.3
外交实力	0.06	外交战略	0.5	外交政策	0.5	111	国家航天战略	0.4
						112	发起制定的航天领域国际规则的数量	0.3
						113	发起航天国际规则的获得通过的数量	0.3
				外交手段	0.5	114	举办航天领域重大国际活动的数量	0.4
						115	航天领域同盟	0.6
		国际合作	0.5	国际主导能力	0.6	116	主导航天国际合作项目的数量	0.2
						117	航天领域国际标准主导能力	0.4
						118	主导的大型合作项目的参与国数量	0.2
						119	通过 PCT 途径提交的国际专利申请累计受理量	0.2
				国际合作与交流	0.4	120	组织国际会议的次数	0.5
						121	参与航天领域国际组织的数量	0.5

数据分为定性数据与定量数据，定量数据又分为低优指标数据、高优指标数据等，不同的数据采集方式不一样，采集后规范化处理的方式也不同，采集到的“原始分”数据，通过数据处理分析研究，把采集的数据“原始分”转换为“标准分”，为模型的数据准确输入奠定基础。

二、太空实力评估结果

结合“加权分”“评估分”模型，对太空实力开展评估计算。太空实力评估二级、三级指标得分示例如表3－5所示，太空实力综合得分、评估维度得分、一级指标得分，具体计算结果如表3－6所示。

表3－5　太空实力评估二级、三级指标计算示例

二级指标	二级指标得分		三级指标（编号、指标要素）		三级指标标准分	
	某国	某地区			某国	某地区
太空力量建设与运用理论	100	43.333	1	运用理论全局性	100	66.667
			2	运用理论实用性	100	33.333
			3	运用理论预见性	100	33.333
太空发展战略	100	0	4	太空发展战略指导性	100	0
			5	太空发展战略配套性	100	0
			6	太空发展战略可操作性	100	0
指挥	100	16.667	7	指挥机构	100	0
			8	指挥级别	100	33.333
建设管理	100	60	9	机构	100	100
			10	机构级别	100	0
人员结构及规模数量	80.56	47.817	11	组织结构	77.2	42
			12	人员素质	100	13.043
			13	主责职能	58	100

续表

二级指标	二级指标得分		三级指标（编号、指标要素）		三级指标标准分	
	某国	某地区			某国	某地区
航天领域教育体系	100	0	14	航天专业的学院/分院数量	100	0
			15	航天领域独立的院校数量	100	0
			16	航天领域院校典型指挥专业设立/课程开设数量	100	0
训练	100	0	17	训练队伍建设	100	0
			18	航天训练手段	100	0
进出空间类航天装备体系能力	96. 409	20. 997	19	年发射次数	92. 727	10. 909
			20	年发射总质量（kg）	100	7. 2785
			21	航天发射场数量	75	12. 5
			22	航天发射场发射工位数量及覆盖区域	100	17. 647
			23	天基测控能力	100	0
			24	地基和海基测控能力	100	70
			25	测控覆盖范围	100	40
利用空间类——信息获取类装备体系能力	83. 503	38. 711	26	信息获取手段	100	100
			27	在轨可用卫星数量	54. 098	17. 213
			28	最高成像分辨率	100	50
			29	轨道分布	100	30
			30	电子侦察系统数量	70. 732	17. 073
利用空间类——信息传输类装备体系能力	100	31. 025	31	在轨通信卫星数量	100	26. 667
			32	通信覆盖能力	100	27. 174
			33	抗干扰通信容量	100	1. 6333
			34	天基信息中继能力	100	72. 222
利用空间类——时空基准类装备体系能力	85	69	35	服务区域覆盖性	100	100
			36	服务精度	100	60
			37	区域增强服务能力	50	50
态势感知类装备体系能力	100	36. 286	38	导弹预警体系完备性	100	20
			39	空间目标监视体系完备性	100	40
			40	空间目标编目数量	100	22. 857
			41	空间环境监测能力	100	100

续表

二级指标	二级指标得分		三级指标（编号、指标要素）		三级指标标准分	
	某国	某地区			某国	某地区
太空防护装备体系能力	100	45	42	太空防卫手段	100	40
			43	太空防护装备	100	50
指挥控制装备体系能力	100	76	44	太空指挥控制系统	100	100
			45	指挥控制能力	100	60
太空演习演练	100	0	46	太空战略推演	100	0
			47	太空联合演习	100	0
			48	太空防护演习	100	0
太空实战检验	82.5	56	49	参加实战的次数	100	80
			50	参加实战方式	41.667	0
航天领域国防动员	100	0	51	航天预备役部队规模数量	100	0
			52	航天预备役部队管理体系	100	0
太空应急响应	96.364	0	53	太空应急装备体系	100	0
			54	太空应急响应演练次数	100	0
			55	太空应急装备战略储备	100	0
			56	太空应急研制发射能力	81.82	0
国家层面的太空领导管理	100	0	57	太空领导组织体系	100	0
			58	太空国防体制与国防战略的匹配性	100	0
航天政策法规	100	100	59	航天政策层级及领域	100	100
			60	航天政策细化程度	100	100
航天战略指导性	100	100	61	航天战略政策预见性	100	100
			62	航天军民融合战略	100	100
航天投入	100	31.801	63	民用航天投入（亿美元）	100	44.468
			64	航天投入（亿美元）	100	12.8
GDP 值	87.727	35.909	65	总航天投入所占 GDP 百分比	81.818	27.273
			66	民用航天投入所占 GDP 百分比	91.667	41.667
进入空间技术能力	97.783	76.258	67	运载火箭型谱完备性	100	100
			68	现役火箭最大运力	100	35.249
			69	近三年运载火箭发射成功率	93.667	87.667

续表

二级指标	二级指标得分		三级指标（编号、指标要素）		三级指标标准分	
	某国	某地区			某国	某地区
空间基础设施规模	100	46.419	70	民用在轨运行卫星数量	100	69.668
			71	商用在轨运行卫星数量	100	23.169
载人航天技术能力	53.802	24	72	载人天地往返能力	42.857	0
			73	货运补给能力	46.154	0
			74	空间站建设能力	60	40
空间探测技术能力	100	54.524	75	月球之外其他天体探测程度	100	69.048
			76	月球探测程度	100	40
科学探索技术能力	100	32.689	77	空间科学卫星数量	100	33.624
			78	技术试验卫星数量	100	31.754
航天领域关键技术储备	100	75	79	航天领域重要科技人才的引进与储备数量	100	100
			80	航天领域先进科技知识研究与储备	100	50
			81	先进科研装备的研制与准备	100	66.667
航天专利数	100	61.179	82	有效专利数量及占比	100	69.5
			83	有效发明专利数量（万件）	100	52.857
航天器制造能力	100	4.6777	84	年出厂航天器数量	100	2.9442
			85	年出厂航天器总质量（kg）	100	7.2779
核心基础能力	83.333	75	86	航天领域核心元器件自主掌握数量	66.667	100
			87	航天领域核心材料自主掌握数量	100	50
人力资源储备	93	83.25	88	航天专业高校排名	92	92
			89	从事航天领域科研机构数量	96	83
			90	从事航天科研人员数量	92	79
航天领域企业规模效益	88.402	85	91	航天企业数量	100	50
			92	航天企业资产总额（亿美元）	72.137	100
			93	航天企业营业收入（亿美元）	98.49	100

续表

二级指标	二级指标得分		三级指标（编号、指标要素）		三级指标标准分	
	某国	某地区			某国	某地区
企业经营成长性	77.819	32.494	94	主要航天企业营业收入三年平均增长率	55.639	0
			95	主要航天企业总资产三年平均增长率	100	64.989
国内产品市场占有率	99.7	51.94	96	航天器用户分布	100	100
			97	核心产品市场占有率	99.5	19.9
国际市场占有率	84.286	33.706	98	研制国际航天器的质量	100	16.759
			99	发射国际航天器的质量	21.429	28.675
			100	国际市场份额	100	63.43
			101	商业资本活跃度	100	18.635
资产运行质量	97.812	79.73	102	主要航天企业总资产周转率	100	66.216
			103	主要航天企业成本费用率	94.529	100
债务风险	74.524	68.744	104	主要航天企业资产负债率	67.964	67.807
			105	主要航天企业流动比率	81.084	69.682
人才规模	72.967	39.24	106	主要航天企业人员规模	54.945	65.4
			107	主要航天企业人员增长率	100	0
人才效能	100	53.527	108	人均创造收入	100	82.241
			109	人均创造利润	100	0
			110	人均劳动报酬	100	96.181
外交政策	70	70	111	国家航天战略	100	100
			112	发起制定的航天领域国际规则的数量	100	100
			113	发起航天国际规则的获得通过的数量	0	0
外交手段	86.667	26.667	114	举办航天领域重大国际活动的数量	66.667	66.667
			115	航天领域同盟	100	0

续表

二级指标	二级指标得分		三级指标（编号、指标要素）		三级指标标准分	
	某国	某地区			某国	某地区
国际主导能力	93.119	67.994	116	主导航天国际合作项目的数量	100	39.969
			117	主导制定的国际航天标准数量	100	50
			118	主导的大型合作项目的参与国数量	72.727	100
			119	通过 PCT 途径提交的国际专利申请累计受理量	92.869	100
国际合作与交流	85	40	120	组织国际会议的次数	70	80
			121	参与航天领域国际组织的数量	100	0

表 3－6　太空实力评估计算示例

太空实力美欧综合得分		评估维度得分			一级指标得分		
某国	某地区	评估维度	某国	某地区	一级指标	某国	某地区
93.59	41.5	军事实力	95.67	32.94	太空理论	100.00	21.67
					指挥管理	100.00	34.00
					力量规模	95.14	11.95
					航天装备	95.10	47.70
					战备水平	90.7	28
		政治实力	96.93	36.93	领导管理能力	100.00	0.00
					战略政策	100.00	100.00
					预算投入	93.86	33.85
		技术实力	93.45	57.88	产品系统能力	88.01	45.66
					技术创新能力	100.00	70.85
					基础保障能力	91.23	56.38
		经济实力	88.73	54.89	规模与效益	83.11	58.75
					产品与市场	95.08	46.47
					经营与管理	88.50	75.34
					人才与配置	89.19	47.81
		外交实力	84.10	52.56	外交战略	78.33	48.33
					国际合作	89.87	56.80

通过表3－6可知，某国太空实力综合得分为93.59分，某地区太空实力综合得分为41.5分，如图3－3所示。某地区的太空实力与某国有着全方面的差距，尤其是军事实力、政治实力差距较大，

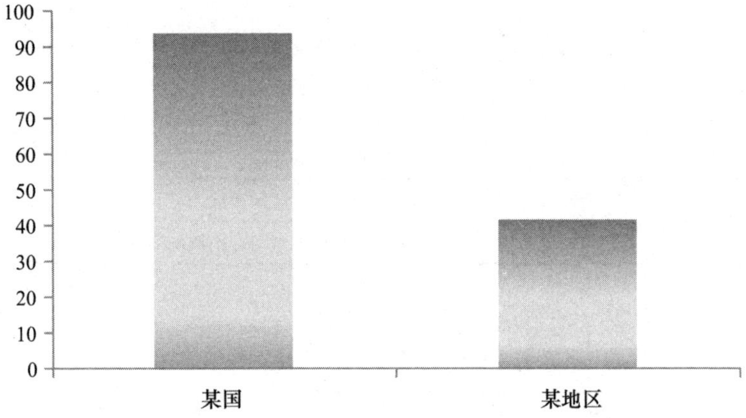

图3－3　太空安全实力综合得分示例

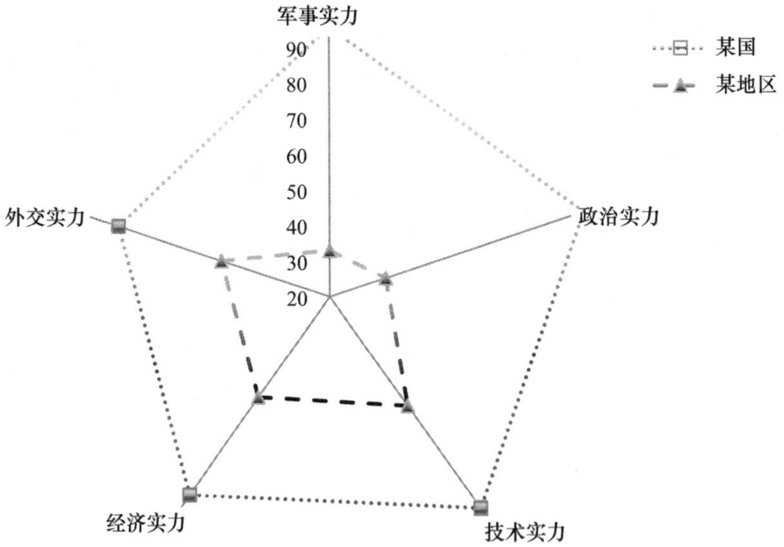

图3－4　太空实力评估维度对比示例

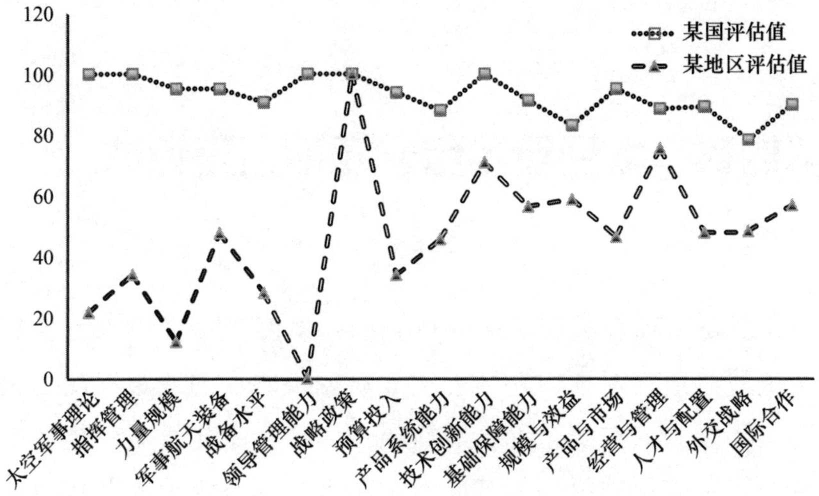

图 3－5　太空实力一级指标对比示例

如图 3－4 所示。某国一级指标除经营与管理外都居于领先地位，某地区除战略政策、技术创新、经营与管理差距较小外，其他一级指标差距都较大，如图 3－5 所示。

需要说明的是，上述评估结果与数据的准确性、权重的确定、算法的选择、评估者的专业积累和关注角度等有直接关系，评估结果仅供参考。

第四章　太空安全综合短板弱项评估

太空安全综合短板弱项评估分析，主要包括进出太空、利用太空等战略短板弱项，评估上述战略短板弱项的差距程度。全球航天主要国家太空安全综合短板弱项多指标量化评估分析，在构建指标体系与评估模型的基础上，从太空安全维护综合能力、太空防护能力、太空任务支持能力、天基信息支援能力、太空态势感知能力等方面，给出单项指标评估结果和综合评估结果，通过多国太空安全能力对比分析，定位太空安全短板弱项，助推“固强补弱”相关研究和决策咨询。

第一节　评估内容

太空是国家新边疆，太空活动是国家意志和战略意图的重要体现，是国家利益拓展的重要保障，太空安全已成为国家安全的重要组成部分。随着反卫星武器的出现，有关国家把军备竞赛延伸到太空领域，这使得部署在太空的航天器面临巨大安全威胁。太空已成为国际竞争新领域、国家安全高边疆和军事斗争新战场，太空安全问题日益凸显。太空安全是国家安全在太空领域的表现，其概念也必然是国家安全概念在太空安全领域的延伸和扩展。依据上述分析，太空安全定义为：国家生存和发展不受来自敌方的太空威胁，己方太空资源、太空探索、太空活动等没有危险且能够安全高效运行的状态，以及为实现这种状态所采取的一系列控制行动和措施。

短板弱项主要指实力薄弱、实力不如竞争对手的方面。比如，一个国家太空安全体系融合集成度低，稳定性可靠性弱，核心太空系统不设防，对抗条件下生存能力低，频率轨位资源储备匮乏，自主创新能力不强，基础技术、前沿技术、关键技术储备不足，太空力量建设和运用理论滞后等等，都属于太空安全方面的短板弱项。太空安全综合短板弱项评估定义为：从感知、防护等维度，对为实现太空安全状态而采取的行动和措施达到的效果进行综合评估分析，依据短板弱项判定准则，基于多国定量化对比分析，定位太空安全综合实力的短板弱项。太空安全综合短板弱项评估模型，支持全球航天主要国家太空安全领域相关实力多指标量化评估分析，研究构建指标体系与评估模型，从太空安全战略政策以及进出太空、利用太空等方面，给出单项指标评估结果和短板弱项综合评估结果，发掘评估对象的太空力量体系短板弱项，支撑相关研究和决策咨询。系统评估、深刻反思太空安全领域暴露的短板弱项，可为优化太空安全体系功能设计提供参考，对突出重点、固强补弱、取长补短、提升能力意义重大。

同样，指标体系、指标数据处理分析、算法研究，是太空安全综合短板弱项评估三个关键影响因素。其中，指标体系搭建是核心，指标数据处理分析是基础，评估模型算法是关键，通过对三者开展系统性研究，优势互补，有效协同，为太空安全综合短板弱项的评估奠定理论基础。

太空安全体系具有广布势、多维度、大纵深等特点，为了衡量各国或地区太空安全领域综合实力在全球格局中的地位或竞争位势的高低，需设计一套科学、系统、客观的指标体系，运用定量计算与定性分析相结合的方法，对世界太空安全综合实力格局做出系统、科学、合理的多指标综合评判。建立一套科学可行的世界主要国家太空安全综合短板弱项评估指标体系，首先要明确设计原则。世界太空安全综合短板弱项评估，是对各航天国家或地区的航天综合实力进行价值判断的过程，因此其评估指标体系不是若干指标的简单叠加和随意组合，而是根据某些原则建立起来并能反映某个国家或地区整体太空安全综合实力的指标集合。

太空安全综合短板弱项评估，主要分析进出太空、利用太空等领域，可细分为以下维度：太空安全维护综合能力、太空防护能力、太空任务支持能力、天基信息支援能力、太空态势感知能力。基于这五个维度，依据结构性思维，搭建指标体系。数据通过定性和定量的手段归一化处理，为模型的准确输入计算奠定基础；评估模型包括权重算法模型和评价算法模型。

基于太空安全综合实力的分析，定位太空安全短板弱项，以短板弱项为导向，聚焦主要矛盾和矛盾的主要方面，为太空安全建设与规划提供支撑，优化太空领域科技布局、产业布局、资源布局、力量布局，扭转太空安全短板弱项不利局面，助推太空安全综合实力的提高，提升国家太空综合实力。

第二节　指标体系设计

指标体系是太空安全综合短板弱项评估的核心，一套科学、合理、完备的指标体系是开展准确评估的前提，明确指标体系基本概念，遵循指标体系构建原则，科学合理设计指标体系并精益迭代，持续优化完善。

一、指标体系设计原则

评估的完整与否和指标体系的选择直接相关，如何建立客观、全面的太空安全综合短板弱项的指标体系，对于准确地评估至关重要。指标体系的选择应遵循以下原则：

目的性原则。选取的指标体系要能反映太空安全综合短板弱项的能力和目的，也就是说指标的选取要有针对性。

完备性原则。完备性原则要求指标体系评估中，选取的指标体系要能涉及到太空安全综合短板弱项的各个方面。

可度量性原则。指标体系的选取要便于定量计算，或通过定理方法进行度量。所以选取的指标一定是可以计算的，或者可以通过仿真模拟的方法，对定性的参量进行定量描述。

完整性原则。完整的指标体系是全面、正确地认识太空安全综合短板弱项的基础。建立的指标体系不应遗漏重要指标。依据不全的指标体系，必然产生对事物的片面认识。然而，指标体系的完整性是相对的。实际评估时，为了提高评估效率，有意识地省去一些虽有影响但属次要的指标，也是允许的，但指标的取舍，要根据指标在系统中的权重来确定。

独立性原则。所选择的指标应尽可能地相互独立，而不能相互包含。

层次性原则。在多指标评估指标体系中，不同的指标关系密切，构成一个指标类。所以，在实际操作中往往把指标进行分类，构成不同层次，由评估上层指标到下层指标，逐渐分解到下层子指标。一个指标进行分解，是为了得到更具体的指标，以便进行量化，分解到一般可以计算的子指标时，分解停止。在评估中，从不同的评估视角出发，有不同的分类结果，但都必须可形成一个递阶结构。

指标选择时建议参考以下意见，如表4－1所示。

表4－1　指标选择参考意见

可用性/测量指标的价值	可行性/难易程度
与重要的需求有关	是否有历史数据供分析使用
能准确表示需求的满足程度	测量周期是否很长
易于暴露问题与改进机会	测量是否复杂
可以作为与其他装备进行对比的标杆	是否与其他测量指标冲突
可以持续测量并提供有价值的信息	是否可以重复和再现

太空安全综合短板弱项评估属于国际竞争力评估范畴，根据美国经济学家迈克尔·波特（Michael Porter）提出的产业竞争优势理论“钻石模型”，系统归纳各国或地区为推动太空安全能力发展所采取的措施、方法及达成的效果，深刻剖析太空安全具体特点，提炼出各国或地区太空安全综合短板弱项的五个核心评估维度——太空安全维护综合能力、太空防护能力、太空任务支持能力、天基信息支援能力、太空态势感知能力，并以这五个核心评估维度为评估标准，多视角量化评估各国或地区太空安全综合实力水平和短板弱项，如图4－1所示。

太空安全维护综合能力。为民商用和多国合作伙伴安全进入太空及开展太空活动创造并维持稳定环境的能力。

太空防护能力。综合实施防御，以获得并保持对太空资产防护行动期望程度的行动自由的能力。

太空任务支持能力。为在太空域、从太空域返回地球以及进入太空域的装备和人员提供太空任务支持能力。

天基信息支援能力。在各种行动中及时、快速、可靠地收集和传输数据，支持战术、战役和战略各级决策的能力。

太空态势感知能力。有效识别、表征和理解影响行动的与太空域有关的各种因素及其对国家安全、经济或环境影响的能力。

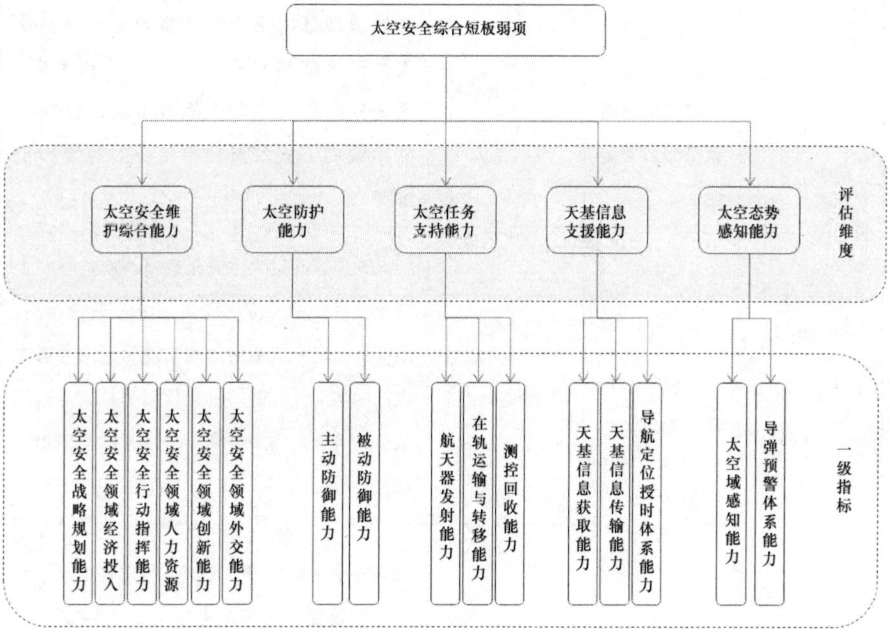

图4－1　太空安全综合短板弱项评估指标体系示例

二、太空安全维护综合能力指标设计

太空安全维护综合能力，主要指为安全进出太空及开展太空活动创造并维持稳定环境的能力，包括太空安全战略规划能力、太空安全领域经济投入、太空安全行动指挥能力、太空安全领域人力资源、太空安全领域创新能力、太空安全领域外交能力等。

表4－2　太空安全维护综合能力指标体系示例

一级指标	二级指标	三级指标	备注
太空安全战略规划能力	太空安全战略理论体系完备性	太空安全战略理论全局性	制定发布国家或地区太空安全相关理论，包括太空安全战略、学说、方针、构想等文件，具有明确的太空安全顶层发展规划、统一实施军民商太空行动等
		太空安全战略理论实用性	国家或地区太空安全战略理论能够指导太空安全战略形势态势进行分析判断，明确各阶段太空安全战略措施；根据可能出现的不同情况做出相应的对策和预案等
		太空安全战略理论预见性	国家或地区联盟太空安全战略理论能够对太空安全战略发展方向和资源配置进行预测，能够把握国家或地区的现实能力与未来需求之间的匹配性；能够近期计划与长远计划相结合，确保总体太空安全战略方针构想相对稳定
	太空安全政策贯彻执行能力	太空安全政策系统性	太空安全政策层级，即是否制定有顶层、行业等多层级、各层相互衔接的太空安全政策，形成太空安全政策体系，具有较强系统性；在基本法、航天发射、行业管理、安全与应急、损害赔偿、国际合作等方面的数量及完备性

续表

一级指标	二级指标	三级指标	备注
太空安全战略规划能力	太空安全政策贯彻执行能力	太空安全政策指导性与可操作性	太空安全政策发布实施后，国家、行业、军民商制定的下层级政策规章文件情况；各层级对国家或地区太空安全政策贯彻执行情况等
		太空安全领域军民融合程度	太空安全领域军民商盟集中统一领导、国家或地区顶层建设太空安全领域应急处置控制、空间目标监视、太空交通管理等中心机构
太空安全领域经济投入	太空安全领域军民经济投入（绝对值）	太空安全领域经济投入（民用）	民用航天投入，近3年平均/亿美元
		太空安全领域经济投入（军事）	军用航天投入，近3年平均/亿美元
	太空安全领域军民经济投入（占比）	太空安全领域总投入占比	总航天投入所占GDP百分比
		太空安全领域民用投入占比	民用航天投入所占GDP百分比
太空安全行动指挥能力	太空安全领域国家或地区政治领导力	太空安全领域领导组织体系性	国家或地区级太空力量与资源统一指挥机构设立情况
		太空国防体制与国防战略匹配性	国家层面太空资产统筹运用机制和机构建立运行情况（表征一个国家的航天意志或对航天的重视程度）
	太空安全行动指挥能力	太空安全行动指挥机构	是否拥有独立的太空安全行动指挥机构
		太空安全行动指挥级别	太空安全行动最高专职指挥官级别
		太空安全行动指挥独立性	是否设立单独的航天专业力量；航天专业力量级别

续表

一级指标	二级指标	三级指标	备注
太空安全领域人力资源	太空安全领域管理人员结构规模	太空安全领域高级管理人员级别	主要统计高级管理人员占全体人员比例
		太空安全领域高级管理人员及规模	主要统计干部占全体人员的比例、航天人员占全体人员的比例
	太空安全领域教育体系完备性	航天专业学院/分院规模数量	包含军队类和地方类院校设立的航天专业学院、分院和系别
		航天领域独立的军事院校规模数量	含指挥类和技术类院校
		航天领域院校太空安全专业性独立性	航天领域院校典型太空安全专业设立/课程开设数量，如太空安全学、太空战略理论等专业课程
	太空安全领域人力资源配置规模与合理性	太空安全领域人才质量	包括人均创造收入、人均创造利润、人均劳动报酬等绝对数值，以及在本国或地区太空安全领域对比其他行业领域人才的经济情况
		太空安全领域科研机构规模	从事航天领域科研机构数量
		太空安全领域科研人员规模	从事航天科研人员数量
		太空安全领域民商企业规模	本国或地区航天企业数量、进入全球500强企业数量等
太空安全领域创新能力	太空安全领域关键技术储备力	航天领域先进科技知识研究与储备	航天领域科技知识先进性
		航天领域先进科研装备的研制与准备	航天领域先进科研装备的种类和先进性

续表

一级指标	二级指标	三级指标	备注
太空安全领域创新能力	太空安全领域自主创新能力	航天领域自主知识产权数量	航天领域有效专利、发明专利数量
		航天领域自主知识产权规模	航天领域有效专利、发明专利数量占本国总有效专利、发明专利之比
太空安全领域外交能力	太空安全领域外交战略全局性与针对性	太空安全领域外交政策全局性	制定的航天领域国际规则的数量、获得通过的数量；外交政策优劣综合性评判等
		太空安全领域外交手段多样性	航天领域军事同盟、举办的重大国际活动的数量等；本领域外交案例情况
	太空安全领域国际合作	太空安全领域国际主导能力	主导航天国际合作项目的数量、国际标准主导能力、大型合作项目参与国数量等
		太空安全领域国际合作与交流	参与航天领域国际组织的数量、组织国际会议的次数等

三、太空防护能力指标设计

以“太空防护能力”核心维度为例。太空防护是指确保（己方/友方）利用空间、辨识攻击实施方以及行使自卫权、打击威胁太空能力，为空间威慑提供支撑。包括主动性太空防护和被动性太空防护，即一级指标：主动性防御能力和被动性防御能力。

表4－3　太空防护能力指标体系示例

一级指标	二级指标	三级指标	备注
主动性防御能力	主动性装备能力	手段运用能力	单一手段/多手段综合运用

续表

一级指标	二级指标	三级指标	备注
主动性防御能力	主动性装备能力	技术先进性	在役装备；具体体现在效能指标上
		在役装备规模	装备部署规模数量；装备部署范围
		在研试验系统能力	在研装备运用概念的先进性与可行性
	主动性运用能力	运用流程规范化水平	相关规程、条例条令等文件完备性
		规模	级别、编成、数量等
		能力	运用/实装试验/仿真，研判是否具有能力
被动性防御能力	被动性装备能力	太空装备体系弹性	是否具有加强体系弹性的措施，包括体系重构、功能分离、节点分散、冗余等
		星上防护手段与能力	系统加固、告警设计等
		在轨维修重建能力	在轨自主健康管理、自主恢复技术能力；在轨服务维修系统能力
	被动性运用能力	目标手段运用能力	目标卫星机动实际发生（次数、敏捷性）、变频等
		其他段运用能力	伪装、隐蔽和欺骗等手段的实战运用；天基系统演习演练规模、次数等

四、太空任务支持能力指标设计

为在太空域、从太空域返回地球以及进入太空域的装备和人员提供太空任务支持能力，包括航天器发射能力、在轨运输与转移能力、测控运控能力、战场环境保障能力等。

表4-4　太空任务支持能力指标体系示例

一级指标	二级指标	三级指标	备注
航天器发射能力	常规运载火箭发射能力	运载火箭型谱完备性	本国及外国可用的运载发射重量范围跨度、最大运力等
		运载火箭发射支持保障能力	本国及外国可用发射场覆盖范围及数量
		年发射总质量	近3年平均（本国、盟友及商业发射）
		年发射次数	近3年平均（本国、盟友及商业发射）
		发射成功率	近3年发射成功率
	快响发射能力	快响火箭技术能力	固体运载火箭规格数量、发射质量等
		快响发射演练	演练次数与成功率
		快响发射时间	实际发射演练中发射场流程天数
在轨运输与转移能力	新型在轨运输能力开发	在轨运输装备能力	装备型系统、试验型系统能力与数量；运用概念先进性
		在轨运输试验与运用能力	
	在轨操控服务及轨道转移新能力开发	在轨操控服务能力	装备型系统、试验型系统能力与数量；运用概念先进性；运用次数等
		轨道转移技术成熟度	地月空间转移技术概念、样机、验证、装备等
测控运控能力	航天测控能力	测控技术手段及测控覆盖能力	天/地/海/空基测控；本土、区域、全球
		测控精度	
	航天器指挥控制能力	指挥控制系统装备能力	包括态势掌握、筹划决策、行动控制、综合保障等能力
		指挥控制系统部署与运用能力	

续表

一级指标	二级指标	三级指标	备注
战场环境保障能力	太空环境监测能力	太阳活动监测能力	是否具有太阳活动监测机构、是否开展过太阳活动监测活动等
		磁层活动监测能力	是否具有磁层活动监测机构、是否开展过磁层活动监测活动等
		电离活动监测能力	是否具有电离活动监测机构、是否开展过电离活动监测活动等
	其他保障能力	网络空间监测能力	是否具有网络空间监测机构、是否开展过网络空间监测活动等
		气象水文监测能力	是否具有气象水文监测机构、是否开展过气象水文监测活动等

五、天基信息支援能力指标设计

在各种行动中及时、快速、可靠地收集和传输数据，支持战术、战役和战略各级决策的能力，包括天基信息获取能力、天基信息传输能力、导航/定位/授时体系能力等。

表4－5　天基信息支援能力指标体系示例

一级指标	二级指标	三级指标	备注
天基信息获取能力	天基信息获取装备能力	信息获取手段多样性	拥有多种获取手段，如光学成像、微波成像、电子侦察、测绘、气象水文等装备
		信息获取装备体系规模	数量
		信息获取装备综合技术性能	包括分辨率、幅宽、机动敏捷性、重访周期、定位精度等
	天基信息获取作战运用能力	信息获取手段综合运用能力	如侦察卫星成组侦察、在轨簇内/簇间协同、高中低轨协同作战等，是否检验或在轨试验；目标指示信息到平台等

续表

一级指标	二级指标	三级指标	备注
天基信息获取能力	天基信息获取作战运用能力	民商用对地观测卫星临时调用能力	具有航天领域国防动员相关机制、是否曾有实施、可用民商用卫星规模数量等
天基信息传输能力	天基信息传输装备能力	卫星通信覆盖能力	包括宽带卫星能力以及移动卫星能力，分别用宽带卫星总容量和支持移动用户总数量分别表征
		抗干扰通信能力	抗强通信容量/Gbps
		天基信息中继能力	中继通信卫星数量及单链路最高通信速率
		卫星互联网发展策略及当前体系能力	星链、一网、O3b、光速、星网等在建星座能力与进展
	天基信息传输体系运用能力	天基信息传输运用	参与次数及规模、体系贡献率等综合评判
		天基信息传输支持演训演练	参与演训演练次数
导航/定位/授时体系能力	导航/定位/授时服务能力	服务区域覆盖性	是否有、区域服务还是全球服务
		服务精度	军民服务精度（评估国家所属系统的最高服务精度，m）
		区域增强服务能力	分别按照国家和系统，是否具备区域增强服务能力
	导航/定位/授时体系核心技术先进性及未来发展	核心技术先进性	如原子钟精度、军码芯片现状与实战化应用现状、短报文功能等
		导航/定位/授时体系发展潜力	如不同国家体系发展定位与战略不同，应用现状与潜力、国家自主建设等

六、太空态势感知能力指标设计

有效识别、表征和理解影响力量适用的与太空域有关的各种因素及其对国家安全、经济或环境影响的能力，包括太空域感知能力、导弹预警体系能力等。

表4－6　太空态势感知能力指标体系示例

一级指标	二级指标	三级指标	备注
太空域感知能力	太空域感知装备体系能力	太空域感知手段多样性	如全域搜索＋抵近详查＋重点看护＋近场感知
		太空域感知装备体系完备性和先进性	地基、天基目标监视在役装备能力；在研装备情况
		空间目标编目数量	包括航天器、空间碎片编目
	太空域感知运用能力	太空域感知在轨试验运用	近年在轨试验运用次数
		太空域感知演习演练	次数
		太空域感知同盟与数据共享能力	是否是军民商盟合作、是否是多国合作、是否是数据共享等
导弹预警体系能力	导弹预警装备体系能力	导弹预警装备体系完备性	拥有导弹预警卫星、低轨目标跟踪卫星、地基雷达跟踪装备
		导弹预警装备体系先进性	探测能力、识别跟踪能力、数据处理与传输能力等先进性
	导弹预警运用能力	导弹预警装备融入体系	杀伤链闭合情况
		导弹预警装备运用	次数

七、太空安全综合短板弱项指标体系设计

通过太空安全维护综合能力、太空防护能力、太空任务支持能力、天基信息支援能力、太空态势感知能力等五个核心评估维度指标分解分析，建立太空安全综合短板弱项指标体系。

第三节　评估模型与方法

本研究指标权重采用层次分析法和专家打分法，重要指标采用AHP法确定，其他指标采用专家打分法确定。层次分析法的应用主要包括构造递阶层次结构、建立判断矩阵、排序及一致性检验、确定评估指标权重四个步骤，详见“太空实力评估”第三章的内容。

权重也可以基于专家经验直接给出，该权重值更多依赖于专家经验积累和知识储备。在本研究中，对于重要指标，例如太空安全维护综合能力、太空防护能力、太空任务支持能力、天基信息支援能力、太空态势感知能力等评估维度采用AHP来确定权重；对于次要指标，为提高效率，采用专家打分法直接给出权重。

一、数据准确性评估

数据本身的质量在很大程度上决定了项目的成败，每一个阶段都需要对数据进行分析和基于数据做出决策。

对于定性数据，需要对专家打分结果进行统计分析，计算各指标的评价函数，以此作为评分有效性的判断依据，对评分无效的指标应进行重新评分。评价函数计算如下。

集中趋势$\bar{X}_i$的度量指标常采用均值，也称算术平均值。

$$\bar{X}_i = \frac{\sum_{k=1}^{n} X_{ki}}{n}$$

式中：$\bar{X}_i$表示第 i 项指标评分的均值；X_{ki}表示第 K 个专家对第 i 项指标的得分；n 表示专家数。

离散趋势S_i的度量指标常采用标准差，表征各专家评分分布的离散程度。

$$S_i = \sqrt{\frac{\sum_{k=1}^{n} (X_{ki} - \bar{X}_i)^2}{n - 1}}$$

式中：S_i表示第 i 项指标得分的标准差。

分布特征的度量指标用偏态系数表示，偏态系数用于描述各专家的评分值是否对称地分布在中心值两侧，或者某侧的观察值是否比另一侧的观察值对中心偏离的更远些。计算方法为：

$$S_{ki} = \frac{m_{3i}}{S_i^3}$$

$$m_{3i} = \frac{\sum_{k=1}^{n} (X_{ki} - \bar{X}_i)^3}{n}$$

式中：S_{ki}表示第 i 项指标得分的偏态系数，S_i^3 表示第 i 项指标得分标准差的立方，m_{3i}表示第 i 项指标得分的三阶中心距。当偏态系数小于 0 时，偏态系数的绝对值越大，说明评价值大于平均值的专家人数越多。当偏态系数大于 0 时，偏态系数的绝对值越大，说明评分值小于平均值的专家越多。偏态系数 S_k 的值没有一定界限，一般当 $|S_k| > 2$ 时，认为偏倚程度很大了。

对于定量数据，数据是测量的结果，是由测量系统测量出来的，由人、量具、测量方法和测量对象构成的过程的整体就是测量系统，如果测量系统出现问题，数据的准确性就难以保证，因此需要对测量系统开展分析。测量系统分析是指用统计学的方法来了解测量系统中的各个波动源，以及它们对测量结果的影响，最后给出测量系统是否合乎使用要求的明确判断。通常用分辨力、偏倚、稳定性、线性、重复性和再现性等评价测量系统的优劣，并用它们控制测量系统的偏倚和波动，以使测量获得定量数据准确可靠。

二、底层指标数据处理方法

由于太空安全综合短板弱项指标取值性质不同，有定量指标也有定性指标。在定量指标中，不仅它们的量纲、函数关系不同，而且它们的类型也不一致，有些指标要求越大越好，有些要求越小越好，有些要求适中，导致在进行指标综合时无法对比。因此，需要对评估指标采用统一的度量方式。

太空安全综合短板弱项评估指标体系中的定性指标或定量指标，表现出不可公度性和矛盾性的特点。因此，各指标评估数据无法直接进行综合计算，需要在综合评估前对各指标评估数据进行处理，包括定性指标的量化，定量指标的规范化。

各单项指标由于量纲和优势趋势的不同，无法直接进行综合计算，则需进行规范化（归一化、无量纲化）处理。其实质是通过一定的数学变换把指标值转变成可以综合处理的量化值，从而解决指标间的不可公度问题，一般都变换到合理范围内，如［0，1］或［0，100］。定性指标、定量指标规范化处理方法，参见“第二章基本理论与方法”中第三节的相关内容。

三、综合短板弱项指标数据处理方法

定性指标给出量化标尺，各指标相关领域专家依据行业经验和知识储备进行主观量化评估。量化评估参照表 4 – 7，实行百分制共分 9 个等级。依据指标体系中定量数据，选取典型代表国家或地区统计相关数据，依据定量数据特点，效益型指标、成本型指标、区间型指标分别套用对应的模型进行定量数据规范化处理。定性与定量数据的规范化处理为模型的输入奠定基础。

表 4 – 7　量化标尺示例

等级	极差	很差	差	较差	一般	较好	好	很好	极好
分值范围	10 – 20	20 – 30	30 – 40	40 – 50	50 – 60	60 – 70	70 – 80	80 – 90	90 – 100

四、评估方法

在开展太空安全综合短板弱项评估时，由于系统自身固有的特点、系统的任务类型和执行任务的环境以及评估方法等因素的影响，对太空安全综合短板弱项评估主要有相对性、层次性和多样性等特点。相对性即太空安全综合短板弱项评估时相对于特定的任务要求和环境而言的，且评估结果具有相对准确性；层次性主要体现在系统组成的层级分解；多样性体现在系统自身组成的复杂性，作战环境的多样性和评估方案选择的多样性。

建立太空安全综合短板弱项评估模型时，可以运用军事运筹学、现代数学、建模与仿真等多方面的理论相结合。在评估过程中要遵循客观性、综合性、定性定量相结合等原则。太空安全综合短板弱项评估模型必须准确，用于太空安全综合短板弱项评估的数据必须精确；运用适当的方法对规定条件下的太空安全综合短板弱项进行综合评估；单一系统的各项性能的综合评估必须在统一的标准下实施。

太空安全综合短板弱项不能通过直接测量获得，有效的评估应综合使用定量（基于观察到的事实）和定性（基于人的判断和观点）的指标。制定任何一个评估计划，都必须首先确定它在多大程度上依赖于人的判断（定性），又在多大程度上依赖于直接观测到的事实和精确严格的数学模型（定量），精确的定量可在一定程度上抵消主观判断不可避免的偏差。在实际使用过程中，综合运用两种评价分析以及结合两者之间的优势通常是成功准确评估的关键，特别是太空行动的性质和可用于评估的资源情况，而很少取决于单独采用某种方式。在评估活动中，定性评估指标是一条定性标准，就是一条基于判断和意见的主观信息；定量评估指标就是一条基于观测到的事实的客观信息。

主观评估法的评估数据是根据相关领域专业技术人员直接进行判断得到的，其准确性和可靠性与参评人员知识、经验积累以及自身的偏好等因素直接相关，通常在数据确定的过程中需要组织多次评估；客观评估法是根据各项评估指标客观存在的历史数据，并利用相应的数学模型进行指标聚合的评估方法，它不受评估人员主观判断影响，客观性比较强；综合评估方法是指既有定量分析，又有定性分类的评估方法。

目前在用的评估方法较多，但归纳起来主要有三类：解析法、统计法和仿真法。

解析法的计算模型很多，其中最典型的是 WSEIAC 提供的 ADC 模型。该模型是以系统状态划分及其条件转移概率为建模思想，具有严格的数学推理过程，旨在根据“系统有效性（A）”、“系统可信赖性（D）”和“系统能力（C）”三大要素开展评估，该模型已在国内得到了广泛应用，而且国内许多学者还提出了多种变形，如ARC模型、QADC模型、KADC模型、CADS模型等。

应用数理统计方法，依据实战、演习、试验获得的大量数据得出系统评估值的方法。常用的统计法主要有：层次分析法、抽样调查法、参数估计法、假设检验法、回归分析法、相关分析法等。

仿真法，即通过构造装备防卫模型，并在计算机上运行该模型进行虚拟试验，由试验得到的进程和结果的数据可直接或经过统计处理后得出太空安全综合短板弱项评估值的方法；与统计法相比，仿真法存在着建模和验模难度大的问题。未来，仿真试验将向一体化、网络化、标准化方向发展，仿真系统的可重用程度将不断提高；短期内应加强仿真基础设施和模型库的建设，尽快制定相关规程和标准，同时增加仿真试验的可信度和精确度。

第四节　案例分析

当前，有关国家加快太空军事力量调整改革，积极推动天军建设、将太空作为独立作战域，带动国际太空军事力量指挥效力、作战能力、规划执行力、项目推进力、发展竞争力的比拼全面展开，太空战略布局和力量结构加速调整。有所为有所不为，开展太空安全综合短板弱项评估，可了解各方强弱长短，对找准发展重点、前瞻胜势塑造具有重大战略意义。

一、指标权重与数据处理分析计算

核心评估维度包括太空安全维护综合能力、太空防护能力、天基信息支援能力、太空态势感知能力，评估指标采用AHP确定权重，如

表4－8、图4－2所示；其他指标采用专家打分法确定。一级指标、二级指标、三级指标采用专家直接打分法确定，如表4－9所示。

表4－8　AHP计算评估维度权重值示例

评估维度	太空安全维护综合能力	太空防护能力	太空机动与保障能力	天基信息支援能力	太空态势感知能力
太空安全维护综合能力	1	0.333	0.5	0.5	0.4
太空防护能力	3	1	1.66666667	1.4285714	1.25
太空机动与保障能力	2	0.6	1	0.8333333	0.6666667
天基信息支援能力	2	0.7	1.2	1	0.8333333
太空态势感知能力	2.5	0.8	1.5	1.2	1

数据分为定性数据与定量数据，不同的数据采集方式不一样，采集后规范化处理的方式也不同，采集到的数据通过数据处理研究分析，把采集的数据转换为规范化数据，为模型的数据准确输入奠定基础。

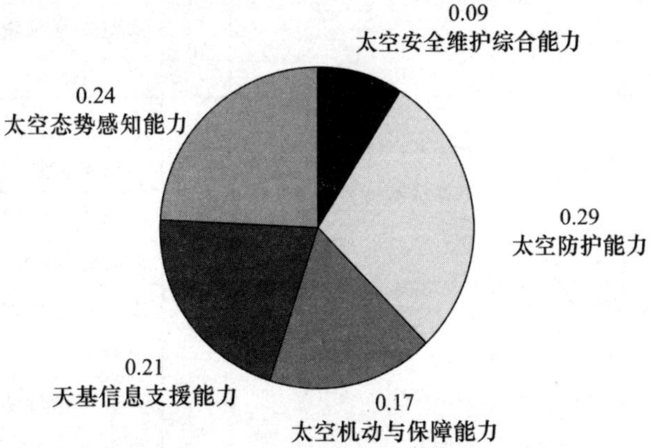

图4－2　太空安全综合短板弱项评估维度权重示例

表4－9　太空安全综合短板弱项评估指标权重值示例

评估维度	评估维度权重	一级指标	一级指标权重	二级指标	二级指标权重	序号	三级指标	三级指标权重
太空安全维护综合能力	0.09	太空安全战略规划能力	0.15	太空安全战略理论体系完备性	0.4	1	太空安全战略理论全局性	0.3
						2	太空安全战略理论实用性	0.4
						3	太空安全战略理论预见性	0.3
				太空安全政策贯彻执行能力	0.6	4	太空安全政策系统性	0.4
						5	太空安全政策指导性与可操作性	0.4
						6	太空安全领域军民融合程度	0.2
		太空安全领域经济投入	0.2	太空安全领域军民经济投入（绝对值）	0.6	7	太空安全领域经济投入（民用）	0.4
						8	太空安全领域经济投入（军事）	0.6
				太空安全领域军民经济投入（占比）	0.4	9	太空安全领域总投入占比	0.6
						10	太空安全领域民用投入占比	0.4
		太空安全行动指挥能力	0.15	太空安全领域国家或地区政治领导力	0.35	11	太空安全领域领导组织体系性	0.55
						12	太空国防体制与国防战略匹配性	0.45
				太空安全行动指挥能力	0.65	13	太空安全行动指挥机构	0.35
						14	太空安全行动指挥级别	0.35
						15	太空安全行动指挥独立性	0.3

续表

评估维度	评估维度权重	一级指标	一级指标权重	二级指标	二级指标权重	序号	三级指标	三级指标权重
太空安全维护综合能力	0.09	太空安全领域人力资源	0.2	太空安全领域管理人员结构规模	0.2	16	太空安全领域高级管理人员级别	0.6
						17	太空安全领域高级管理人员及规模	0.4
				太空安全领域教育体系完备性	0.35	18	航天专业学院/分院规模数量	0.3
						19	航天领域独立的院校规模数量	0.4
						20	航天领域院校太空安全专业性独立性	0.3
				太空安全领域人力资源配置规模与合理性	0.45	21	太空安全领域人才质量	0.45
						22	太空安全领域科研机构规模	0.2
						23	太空安全领域科研人员规模	0.15
						24	太空安全领域民商企业规模	0.2
		太空安全领域创新能力	0.2	太空安全领域关键技术储备力	0.45	25	航天领域先进科技知识研究与储备	0.5
						26	航天领域先进科研装备的研制与准备	0.5
				太空安全领域自主创新力	0.55	27	航天领域自主知识产权数量	0.55
						28	航天领域自主知识产权规模	0.45

续表

评估维度	评估维度权重	一级指标	一级指标权重	二级指标	二级指标权重	序号	三级指标	三级指标权重
太空安全维护综合能力	0.09	太空安全领域外交能力	0.1	太空安全领域外交战略全局性与针对性	0.5	29	太空安全领域外交政策全局性	0.45
						30	太空安全领域外交手段多样性	0.55
				太空安全领域国际合作	0.5	31	太空安全领域国际主导能力	0.5
						32	太空安全领域国际合作与交流	0.5
太空防护能力	0.29	主动性能力	0.6	装备能力	0.45	33	手段运用能力	0.3
						34	技术先进性	0.25
						35	在役装备规模	0.25
						36	在研试验系统能力	0.2
				运用能力	0.55	37	运用流程规范化水平	0.2
						38	规模	0.3
						39	实战能力	0.5
		被动性能力	0.4	装备能力	0.45	40	太空装备体系弹性	0.2
						41	星上防护手段与能力	0.4
						42	在轨维修重建能力	0.4
				运用能力	0.55	43	目标运用能力	0.5
						44	其他运用能力	0.5

续表

评估维度	评估维度权重	一级指标	一级指标权重	二级指标	二级指标权重	序号	三级指标	三级指标权重
太空任务支持能力	0.17	航天器发射能力	0.3	常规运载火箭发射能力	0.65	45	运载火箭型谱完备性	0.15
						46	运载火箭发射支持保障能力	0.15
						47	年发射总质量	0.25
						48	年发射次数	0.2
						49	发射成功率	0.25
				快响发射能力	0.35	50	快响火箭技术能力	0.5
						51	快响发射演练	0.2
						52	快响发射时间	0.3
		在轨运输与转移能力	0.2	新型在轨运输能力开发	0.5	53	在轨运输装备能力	0.5
						54	在轨运输试验与运用能力	0.5
				在轨操控服务及轨道转移新能力开发	0.5	55	在轨操控服务能力	0.5
						56	轨道转移技术成熟度	0.5
		测控运控能力	0.3	航天测控能力	0.51	57	测控技术手段及测控覆盖能力	0.55
						58	测控精度	0.45
				航天器指挥控制能力	0.49	59	指挥控制系统装备能力	0.4
						60	指挥控制系统部署与运用能力	0.6
		战场环境保障能力	0.2	太空环境监测能力	0.55	61	太阳活动监测能力	0.3
						62	磁层活动监测能力	0.35
						63	电离活动监测能力	0.35
				其他保障能力	0.45	64	网络空间监测能力	0.5
						65	气象水文监测能力	0.5

续表

评估维度	评估维度权重	一级指标	一级指标权重	二级指标	二级指标权重	序号	三级指标	三级指标权重
天基信息支援能力	0.21	天基信息获取能力	0.34	天基信息获取装备能力	0.45	66	信息获取手段多样性	0.3
						67	信息获取装备体系规模	0.3
						68	信息获取装备综合技术性能	0.4
				天基信息获取作战运用能力	0.55	69	信息获取手段综合运用能力	0.5
						70	民商用对地观测卫星临时调用能力	0.5
		天基信息传输能力	0.33	天基信息传输装备能力	0.45	71	卫星通信覆盖能力	0.25
						72	抗干扰通信能力	0.2
						73	天基信息中继能力	0.25
						74	卫星互联网发展策略及当前体系能力	0.3
				天基信息传输体系运用能力	0.55	75	天基信息传输实战运用	0.7
						76	天基信息传输支持演训演练	0.3
		导航/定位/授时体系能力	0.33	导航/定位/授时服务能力	0.5	77	服务区域覆盖性	0.35
						78	服务精度	0.4
						79	区域增强服务能力	0.25
				导航/定位/授时体系核心技术先进性及未来发展	0.5	80	核心技术先进性	0.6
						81	导航/定位/授时体系发展潜力	0.4

续表

评估维度	评估维度权重	一级指标	一级指标权重	二级指标	二级指标权重	序号	三级指标	三级指标权重
太空态势感知能力	0.24	太空域感知能力	0.55	太空域感知装备体系能力	0.4	82	太空域感知手段多样性	0.3
						83	太空域感知装备体系完备性和先进性	0.4
						84	空间目标编目数量	0.3
				太空域感知运用能力	0.6	85	太空域感知在轨试验运用	0.45
						86	太空域感知演习演练	0.35
						87	太空域感知同盟与数据共享能力	0.2
		导弹预警体系能力	0.45	导弹预警装备体系能力	0.4	88	导弹预警装备体系完备性	0.4
						89	导弹预警装备体系先进性	0.6
				导弹预警运用能力	0.6	90	导弹预警装备融入体系	0.35
						91	导弹预警装备运用	0.65

二、太空安全综合短板弱项评估结果

结合基础聚合算法加法模型，对太空安全综合实力开展评估计算。二级、三级指标得分如表 4 - 10 所示，综合得分、评估维度得分、一级指标得分，具体计算结果如表 4 - 11 所示。

表4－10　二级、三级指标分值示例

二级指标得分		序号	三级指标	国家或地区三级指标规范化得分	
某国	某地区			某国	某地区
100	43.33333	1	太空安全战略理论全局性	100	66.666667
		2	太空安全战略理论实用性	100	33.333333
		3	太空安全战略理论预见性	100	33.333333
100	0	4	太空安全政策系统性	100	0
		5	太空安全政策指导性与可操作性	100	0
		6	太空安全领域军民融合程度	100	0
100	25.4672	7	太空安全领域经济投入（民用）	100	44.468
		8	太空安全领域经济投入（军事）	100	12.8
85.7576	33.0306	9	太空安全领域总投入占比	81.818	27.273
		10	太空安全领域民用投入占比	91.667	41.667
100	0	11	太空安全领域领导组织体系性	100	0
		12	太空国防体制与国防战略匹配性	100	0
100	26.66655	13	太空安全行动指挥机构	100	0
		14	太空安全行动指挥级别	100	33.333
		15	太空安全行动指挥独立性	100	50
100	0	16	太空安全领域高级管理人员级别	100	0
		17	太空安全领域高级管理人员及部队规模	100	0
100	0	18	航天专业学院/分院规模数量	100	0
		19	航天领域独立的院校规模数量	100	0
		20	航天领域院校太空安全专业性独立性	100	0
90.19175	74.16	21	太空安全领域人才质量	95	75
		22	太空安全领域科研机构规模	96	83
		23	太空安全领域科研人员规模	54.945	65.4
		24	太空安全领域民商企业规模	100	70
100	58.3335	25	航天领域先进科技知识研究与储备	100	50
		26	航天领域先进科研装备的研制与准备	100	66.667

续表

二级指标得分		序号	三级指标	国家或地区三级指标规范化得分	
某国	某地区			某国	某地区
100	60. 34635	27	航天领域自主知识产权数量	100	52. 857
		28	航天领域自主知识产权规模	100	69. 5
79. 185	46. 185	29	太空安全领域外交政策全局性	70	70
		30	太空安全领域外交手段多样性	86. 7	26. 7
89. 0595	53. 997	31	太空安全领域国际主导能力	93. 119	67. 994
		32	太空安全领域国际合作与交流	85	40
100	40. 25	33	手段运用能力	100	40
		34	技术先进性	100	40
		35	在役装备规模	100	25
		36	在研试验系统能力	100	60
100	35	37	运用流程规范化水平	100	50
		38	力量规模	100	20
		39	运用能力	100	40
100	36. 85714	40	太空装备体系弹性	100	22. 857143
		41	星上防护手段与能力	100	45
		42	在轨维修重建能力	100	40
100	35	43	目标手段运用能力	100	50
		44	其他手段运用能力	100	20
96. 96215	55. 91828	45	运载火箭型谱完备性	100	100
		46	运载火箭发射支持保障能力	100	100
		47	年发射总质量	100	7. 2789
		48	年发射次数	92. 727	10. 909
		49	发射成功率	93. 667	87. 667
94. 546	0	50	快响火箭技术能力	81. 82	0
		51	快响发射演练	100	0
		52	快响发射时间	100	0
100	0	53	在轨运输装备能力	100	0
		54	在轨运输试验与运用能力	100	0

续表

二级指标得分		序号	三级指标	国家或地区三级指标规范化得分	
某国	某地区			某国	某地区
100	72.5	55	在轨操控服务能力	100	80
		56	轨道转移技术成熟度	100	65
100	73	57	测控技术手段及测控覆盖能力	100	100
		58	测控精度	100	40
100	88	59	指挥控制系统装备能力	100	100
		60	指挥控制系统部署与运用能力	100	80
100	100	61	太阳活动监测能力	100	100
		62	磁层活动监测能力	100	100
		63	电离活动监测能力	100	100
100	100	64	网络空间监测能力	100	100
		65	气象水文监测能力	100	100
81.6392	51.8852	66	信息获取手段多样性	100	100
		67	信息获取装备体系规模	54.098	17.213
		68	信息获取装备综合技术性能	100	50
91.75	54.18412	69	信息获取手段综合运用能力	83.5	38.7
		70	民商用对地观测卫星临时调用能力	100	69.668246
100	42.1565	71	卫星通信覆盖能力	100	27.174
		72	抗干扰通信能力	100	40
		73	天基信息中继能力	100	72.222
		74	卫星互联网发展策略及当前体系能力	100	31.025
100	60.33333	75	天基信息传输实战运用	100	69.047619
		76	天基信息传输支持演训演练	100	40
85	69	77	服务区域覆盖性	100	100
		78	服务精度	100	60
		79	区域增强服务能力	50	50
100	56.66667	80	核心技术先进性	100	50
		81	导航定位授时体系发展潜力	100	66.666667

续表

二级指标得分		序号	三级指标	国家或地区三级指标规范化得分	
某国	某地区			某国	某地区
100	40.8571	82	太空域感知手段多样性	100	60
		83	太空域感知装备体系完备性和先进性	100	40
		84	空间目标编目数量	100	22.857
100	72.18338	85	太空域感知在轨试验和运用	100	7.2779276
		86	太空域感知演习演练	100	100
		87	太空域感知同盟与数据共享能力	100	100
100	26	88	导弹预警装备体系完备性	100	20
		89	导弹预警装备体系先进性	100	30
97.2	60.15	90	导弹预警装备融入体系	92	79
		91	导弹预警装备运用	100	50

表4-11　太空安全综合短板弱项评估结果

综合得分		评估维度指标	评估维度指标得分		一级指标	一级指标得分	
某国	某地区		美国	欧洲		某国	某地区
97.86195	49.00295	太空安全维护综合能力	96.39009	34.47011	太空安全战略规划能力	100	17.33333
					太空安全领域经济投入	94.30304	28.49256
					太空安全行动指挥能力	100	17.33326
					太空安全领域人力资源	95.58629	33.372
					太空安全领域创新能力	100	59.44057
					太空安全领域外交能力	84.12225	50.091

续表

综合得分		评估维度指标	评估维度指标得分		一级指标	一级指标得分	
某国	某地区		美国	欧洲		某国	某地区
97.86195	49.00295	太空防护能力	100	36.75179	主动性能力	100	37.3625
					被动性能力	100	35.83571
		太空任务支持能力	98.83495	62.25906	航天器发射能力	96.1165	36.34688
					在轨运输与转移能力	100	36.25
					测控运控能力	100	80.35
					战场环境保障能力	100	100
		天基信息支援能力	93.17305	56.01661	天基信息获取能力	87.20014	53.14961
					天基信息传输能力	100	52.15376
					导航定位授时体系能力	92.5	62.83333
		太空态势感知能力	99.244	53.72958	太空域感知能力	100	59.65287
					导弹预警体系能力	98.32	46.49

制定短板弱项判定标准，如表 4 – 12 所示，依据太空安全综合实力评分确定该评估对象短板弱项所在级别。基于太空安全综合实力短板弱项判定标准，依据太空安全评估维度指标得分，判定各评估维度的差距，定位太空安全综合实力短板弱项及短板弱项级别，为太空安全的发展建设指明方向。

通过表 4 – 13 示例，某地区太空安全综合实力与某国相比有较大差距，尤其是太空安全维护综合能力、空间防卫对抗能力、太空态势感知能力差距明显，为关键短板，其他评估维度指标为次关键短板。在一级指标中，某地区在战场环境保障能力表现较好，测控运控能力为次重要短板；导航定位授时体系能力为重要短板；太空安全领域创新能力、外交能力、天基信息获取能力、太空域感知能力为次关键短板；其余一级指标皆为关键短板。上述判断只是示例，评估结果与数据的准确性、权重的确定、算法的选择、评估者的专业积累和关注角度等有直接关系，评估思路和结果仅供参考。

表4－12　短板弱项判定标准

分差	[41，100]	[31～40]	[21～30]	[11～20]	[1～10]
级别	关键短板	次关键短板	重要短板	次重要短板	一般短板

注：以某地区指标得分与某国该项指标得分做比较。

表4－13　短板弱项判定标准

<table>
<tr><th>评估维度指标</th><th>评估维度指标分差</th><th>短板弱项级别</th><th>一级指标</th><th>一级指标分差</th><th>短板弱项级别</th></tr>
<tr><td rowspan="6">太空安全维护综合能力</td><td rowspan="6">61.91997638</td><td rowspan="6">关键短板</td><td>太空安全战略规划能力</td><td>82.66666667</td><td>关键短板</td></tr>
<tr><td>太空安全领域经济投入</td><td>65.81048</td><td>关键短板</td></tr>
<tr><td>太空安全行动指挥能力</td><td>82.6667425</td><td>关键短板</td></tr>
<tr><td>太空安全领域人力资源</td><td>62.2142875</td><td>关键短板</td></tr>
<tr><td>太空安全领域创新能力</td><td>40.5594325</td><td>次关键短板</td></tr>
<tr><td>太空安全领域外交能力</td><td>34.03125</td><td>次关键短板</td></tr>
<tr><td rowspan="2">太空防护能力</td><td rowspan="2">63.24821429</td><td rowspan="2">关键短板</td><td>主动性能力</td><td>62.6375</td><td>关键短板</td></tr>
<tr><td>被动性能力</td><td>64.16428571</td><td>关键短板</td></tr>
<tr><td rowspan="4">太空任务支持能力</td><td rowspan="4">36.57588563</td><td rowspan="4">次关键短板</td><td>航天器发射能力</td><td>59.76961875</td><td>关键短板</td></tr>
<tr><td>在轨运输与转移能力</td><td>63.75</td><td>关键短板</td></tr>
<tr><td>测控运控能力</td><td>19.65</td><td>次重要短板</td></tr>
<tr><td>环境保障能力</td><td>0</td><td>非短板</td></tr>
<tr><td rowspan="3">天基信息支援能力</td><td rowspan="3">37.15644071</td><td rowspan="3">次关键短板</td><td>天基信息获取能力</td><td>34.05053223</td><td>次关键短板</td></tr>
<tr><td>天基信息传输能力</td><td>47.84624167</td><td>关键短板</td></tr>
<tr><td>导航/定位/授时体系能力</td><td>29.66666667</td><td>重要短板</td></tr>
<tr><td rowspan="2">太空态势感知能力</td><td rowspan="2">45.51442317</td><td rowspan="2">关键短板</td><td>太空域感知能力</td><td>40.34713303</td><td>次关键短板</td></tr>
<tr><td>导弹预警体系能力</td><td>51.83</td><td>关键短板</td></tr>
</table>

第五章 太空事件（行为）影响评估

太空事件（行为）影响评估，主要是对太空安全领域一些突发、热点、重点、焦点事件（行为）对一个国家的影响程度进行评估，从而为前瞻预判威胁挑战、预防风险管控危机、稳妥应急处置危机等提供参考。通过针对太空政策颁布、关键技术研发、演习演训等太空领域相关事件开展影响评估，了解掌握太空领域相关事件涉及的影响要素和具体影响程度，有利于预测事件的后续影响并采取有针对性的措施，为“有的放矢”应对太空安全突发事件以及运筹谋划和战略博弈提供参考。

第一节 评估内容

重大事件的频繁发生和其影响力越来越大，是人类社会进入21世纪以来世界发展出现的一个显著特征。建立重大事件战略评估制度，是把握重大发展机遇的客观需要，是推进理论研究和应用研究创新的迫切要求，是推动政府治理能力现代化、提升国家竞争力的必然选择。随着太空领域“群雄并起”多元格局日渐形成，太空领域重大事件频发，对一个国家或者区域乃至世界航天发展有着重大影响，甚至导致人类经济社会发展进程和发展格局发生重大改变。比如，重大航天型号立项发射、政策法规颁布、技术研发创新、组织机构变革、演习演训活动、太空探索、太空冲突、太空碰撞等重大事件。

型号立项发射事件，包括航天领域相关型号的初步论证、正式立项、发射、组网、报废等型号全寿命周期的关键节点事件。如：美国 SpaceX 公司“星链”计划快速部署低轨巨型星座等。

政策法规颁布事件，包括国际层面、国家层面、全军层面或部队层面发布的太空相关政策文件和法律法规，有影响力智库发布的相关报告，以及具有指导性意义的会议论坛等。如：2013 年，美军太空司令部发布《弹性和分散太空体系》白皮书，首次提出的“弹性太空”概念，对美国正在加快建设的“太空混合架构”“弹性作战秩序”以及国际社会太空体系建设等都产生重大影响。为确保太空优势和太空行动自由，建设“弹性太空”逐渐成为主要大国发展太空力量的重要趋势。①

技术研发创新事件，包括火箭回收复用、航天器技术革新、地面试验技术升级、在轨试验、在轨维护、地月空间新技术试验、试验流程优化等方面。太空军事化的竞争，本质上是相关国家以科技优势谋求军事优势，从而赢得战略主动、抢夺经略太空先机的过程。当前，主要国家正围绕太空资产的全域态势感知能力、自动规避威胁能力、损伤自动修复能力、快速溯源能力等加强技术攻关。比如，美国研制 GSSAP 卫星、CLIO 卫星等，开发 EAGLE 机动飞行器、ARMOR 弹性卫星、PODS 轨道预置投送系统等试验型装备，都是值得关注的重要太空安全事件。

组织机构变革事件，包括太空领域军、民、商等涉及的组织机构整体调整、现有部门合并、组织部门增设或撤销、工业产业调整、供应链重塑等。如：美国成立太空军；美国国防部采办、技术与后勤组织机构调整等。2021 年 8 月 23 日，随着太空训练与战备司令部

---

① 刘珺，王田田．弹性太空概念玄机何在．解放军报，2022. 4. 7.

宣告成立，美国太空军以 3 个直属司令部、15 支德尔塔部队、88 个中队为基础的“直属司令部 – 德尔塔部队 – 中队”三级架构体系基本成型。诸如此类事件都是值得研究的内容。

演习演训活动，包括涉及太空装备的演习演训活动等。如：美国太空军开展“太空旗帜”演习；美国空军举行联合虚拟演习等。随着太空军事演习的频繁进行，太空已成为与陆、海、空并列的作战域。从各国组织太空军事演习的实践来看，有关太空战法已浮出水面。这些重大演习活动、重大太空战法的影响等都是需要评估的内容。

太空探索事件，包括太空探索取得的科研成果、技术进步或重大发现、科学试验等。如：“帕克”号成为历史上第一艘“触摸”太阳的人类探测器；人类首次拍到黑洞照片等。2021 年 6 月，美空军研究实验室发布《地月空间入门》，提出未来地月空间作战行动概念，并将“地月空间高速公路巡逻系统”实验作为进军地月空间的首要任务。相关招标需求已经发布。又如，美国国防部提出采用核能作为未来卫星舰队的动力，美国宝瓶座太空公司则宣布启动月球高速通信网络建设，以改善地外通信环境。诸如此类事件，对其影响的评估是一项长期工作。

太空冲突事件，包括国家或地区之间可能涉及太空领域的冲突、危机、摩擦等。如：乌克兰危机等。“冲突将延伸至太空。”乌克兰危机伊始，美国太空司令部司令迪金森就抛出了这一论调。诸如此类事件，都是需要长期深入评估分析。

太空碰撞事件，包括在轨航天器（包括在役或废弃）之间的碰撞、空间碎片或其他自然空间物体对在轨航天器的潜在或已发生的碰撞、地外天体对地球的影响或威胁、空间天气对航天器的影响、太空治理相关事件等。如：地磁暴导致卫星损毁等。

长期以来，如何对重大事件的影响进行战略评估，始终是世界各国必须面对的重大难题。尤其是当前世界正面临百年未有之大变局，太空安全领域重大事件的发生正呈现出形式多样性、高关联性、不可预见性增强等新特征。

立足大国战略竞争时代变局，审视航天事业发展对经济社会和科技发展的辐射带动作用，对全局运筹大国竞争的战略支撑和高位瞰制作用，不断提高建立完备有效的太空安全重大事件战略评估制度的使命自觉，及时掌握太空安全重大事件的影响，抢占战略主动权。[①] 开展太空事件（行为）影响评估时遵循以下原则：

综合性原则。通常而言，太空事件（行为）的影响涉及多个方面多个维度，在评估太空事件（行为）影响的过程中，需要综合考虑军事、政治、科技、经济、外交等多个方面的影响。

独立性原则。在分析太空事件（行为）影响要素的过程中，要尽量保证指标要素间较少重叠，影响要素之间尽可能互相独立，过多的重叠会导致评估结果失真。

科学性原则。太空事件（行为）的分类、价值评估以及太空事件（行为）影响的分类分级，必须基于一定的科学理论和思维共识，各类别和要素要目的明确、定义准确、内容简明、易于理解，指标体系设置科学合理、要素完备。

动态性原则。太空事件（行为）评估模型可动态调整，评估指标与评判标准、算法均可进行调整。

第二节　指标体系设计

按照层次分析法，将太空事件（行为）影响要素进行划分，首

① 汪涛，李红艳．新常态下建立重大事件战略评估制度的必要性及可行性．经济视角，2015(6)．

先将太空事件（行为）影响要素分为军事、政治、经济、科技、外交五个主要类别。

在此五个类别的基础上继续划分，其中：军事方面主要考虑军事理论发展（包括基础理论和战术战法）、组织形态变革（包括组织机构和部队）、人才队伍建设（包括现有人员和后备人才）、航天装备建设（包括进出空间、利用空间等航天装备）、战备水平（包括演练演训、应急响应等）等因素。政治方面主要考虑组织体制、管理能力、动员能力、战略政策变革、预算投入等因素。科技方面主要考虑装备技术水平（包括进出空间技术能力、空间基础设施、载人航天技术能力、空间探测技术能力、科学探索技术能力等）、技术创新能力（包括航天技术和其他领域工业技术）、基础保障能力（包括基础技术和核心技术等）等因素。经济方面主要考虑航天行业规模与效益、产品与市场、经营与管理等因素。外交方面主要考虑外交战略、国际合作、外空军控和舆论法理等因素。

在实际评估过程中，可根据太空事件（行为）的具体情况和影响涉及范围，对太空事件（行为）影响要素评估指标体系进行动态化调整，以反映事件的实际影响。

第三节 评估模型与方法

按照军事发展、政治发展、技术发展、经济发展、外交发展五个类别，梳理明确各类太空事件（行为）的具体影响要素。按照影响要素和影响程度两个维度，分析某一太空事件（行为）的具体影响。开展太空事件（行为）与影响要素关联分析，形成不同类型事件和多种类型影响因素之间的关联矩阵。综合考虑太空事件（行为）的时效性、紧迫性、广泛性、对他国针对性等方面，划分太空事件

（行为）影响的等级，细化分析太空事件（行为）对各影响要素的具体影响程度。

将型号立项发射、政策法规颁布、技术研发创新、组织机构变革、演习演训活动、太空探索成果、太空冲突与碰撞等类型的太空事件（行为），与军事发展、政治发展、科技发展、经济发展、外交发展等方面受影响的具体要素相对应，形成事件类别与影响要素矩阵。初步形成的示例见表 5－1，在分析某一具体太空事件（行为）影响的过程中，可基于给定内容进行调整。在确定影响要素的过程中，可运用层次分析法或调查分析法等方法。

表 5－1　各类型事件对应具体影响要素关系分析矩阵示例

影响要素		事件类型							
		型号立项发射	政策法规颁布	技术研发创新	组织机构变革	重大演习演训	太空探索	太空冲突	太空碰撞
军事	军事理论								
	组织形态								
	人才队伍								
	军事装备								
	战备水平								
	……								
政治	组织体制								
	管理能力								
	动员能力								
	战略政策								
	预算投入								
	……								
科技	装备技术水平								
	技术创新能力								
	基础保障能力								
	……								

续表

影响要素		事件类型							
		型号立项发射	政策法规颁布	技术研发创新	组织机构变革	重大演习演训	太空探索	太空冲突	太空碰撞
经济	规模与效益								
	产品与市场								
	经营与管理								
	……								
外交	外交战略								
	国际合作								
	外空军控								
	舆论法理								
	……								

基于太空事件（行为）的等级划分和具体事件的针对性分析，对太空事件（行为）对于各影响要素的具体影响程度进行分析判断。太空事件（行为）的等级划分按照事件或行为的时效性、紧迫性、广泛性、针对性等维度综合分析。其中：时效性指的是对事件（行为）影响的响应快慢；紧迫性指的是对事件（行为）应对的紧迫性；广泛性指的是事件（行为）影响的涉及方面；针对性指的是对其他国家等或地区的针对性。

采用问卷调查法或者按照专家打分的方式，确定各维度在事件（行为）等级划分中的具体权重，综合事件（行为）各维度的得分，按照加权计算的方式得到太空事件（行为）的等级计算结果，根据计算结果划分太空事件（行为）等级。各维度的权重、分值及等级划分标准可按照评估需求进行动态调整。初步给出的划分方式见表 5－2。

表 5－2　事件等级划分标准示例

事件等级	综合考虑事件重要性、紧迫性、广泛性、对其他国家或地区等针对性的等级计算结果
特大事件	91－100
重大事件	71－90
重要事件	51－70
一般事件	31－50
其他事件（无影响事件）	0－30

按照综合分析结果，将太空事件（行为）划分为特大事件、重大事件、重要事件、一般事件、其他事件五个等级。各事件等级的示例如下：特大太空事件（行为）：多国联合事件或重大突破等；重大太空事件（行为）：国家层面、涉及多军种事件或重要突破等；重要太空事件（行为）：单军种事件，或有明确指向、有特定意义的事件等；一般太空事件（行为）：常规航天器发射、常规演训等事件等。表 5－3 给出各等级各类型事件的示例说明，用于太空事件的具体分级分类提供参考。

表 5－3　各等级各类型事件的说明示例

事件等级	事件类型						
	型号立项发射	政策法规颁布	技术研发创新	组织机构变革	演习演训活动	太空探索成果	太空冲突与碰撞
特大事件	重大项目立项	多国联合发布政策法规	重点型号武器装备研制	多国参与的组织结构调整	多国家联合演习	里程碑性新发现	太空冲突
重大事件	新领域型号立项	国防部或单军种发布政策法规	关键技术突破	国防部或单军种调整	多军种联合演习	新领域重大发现	空间自然灾害

续表

事件等级	事件类型						
	型号立项发射	政策法规颁布	技术研发创新	组织机构变革	演习演训活动	太空探索成果	太空冲突与碰撞
重要事件	重要型号立项	重要法规变革	技术创新	各军种下属机构调整	具有指向性的演训	现有猜想验证	大型空间碎片
一般事件	常规航天器发射	一般性法规颁布	技术更新	相关机构部门和职能调整	常规演训	一般发现	小型空间碎片

将太空事件（行为）的特大事件、重大事件、重要事件、一般事件四个等级的影响程度对应至 A、B、C、D 四个影响等级，影响程度由 A 级至 D 级逐步递减。分析太空事件（行为）对具体要素的影响时，可根据具体的影响程度在 A、B、C、D 四个等级上加上（+）或（-）表示程度的增加或减少。也可在分析太空事件（行为）对具体因素影响程度的基础上，按照影响长短（包括长期影响和短期影响）等方面进行分析。具体可按照专家打分或问卷调查等方法开展影响程度分析研判。

表 5-4　事件影响等级及影响方向示例

事件等级	事件影响	
	影响程度	影响时间
特大事件	A 级（特大影响）（+）（/）（-）	短期/长期
重大事件	B 级（重大影响）（+）（/）（-）	短期/长期
重要事件	C 级（重要影响）（+）（/）（-）	短期/长期
一般事件	D 级（一般影响）（+）（/）（-）	短期/长期

第四节　评估案例

选择美国SpaceX公司“星链”计划作为典型太空事件，开展太空事件影响评估案例分析。

一、事件情况

当前，全球卫星互联网系统发展呈爆发态势。主要航天国家政府加速介入、众多商业创新项目并行发力，意图抢占太空轨道频率战略资源、打造全球泛在网络设施、储备未来巨大应用潜能。

“星链”计划于2015年由美国SpaceX公司提出，目前共规划在低地球轨道（LEO）密集部署三期、合计4.2万颗卫星，向全球提供多重通信覆盖和低时延的宽带互联网接入服务。在美国政府、军方的大力扶持下，“星链”巨型互联网星座计划，已成为现阶段工程进度最快、获批体量最大、最受关注的项目。“星链”系统建设进度全球领先，与美军联合开发测试军事应用。

按照太空事件（行为）的分类方式，美国发展“星链”计划属于型号立项发射类事件。从美国发展“星链”计划事件（行为）本身的角度，综合考虑事件（行为）的军事价值、政治价值、经济价值、技术价值等方面，对事件（行为）价值进行评估。

二、事件影响评估结果

在对事件价值评估的基础上，美国“星链”计划影响评估要素可包括军事、政治、科技、经济、外交等方面。在评估“星链”计划事件影响的过程中，主要考虑事件在各方面影响较大的因素，具体影响主要体现在军事发展—航天装备建设、政治发展—预算投入、科技发展—技术创新能力、经济发展—产品与市场、外交发展—国际合作等方面。

表 5－5　“星链”计划影响要素示例

影响要素		“星链”计划
军事	军事理论	
	组织形态	
	人才队伍	
	军事装备	√
	战备水平	
	……	
政治	组织体制	
	管理能力	
	动员能力	
	战略政策	
	预算投入	√
	……	
科技	装备技术水平	
	技术创新能力	√
	基础保障能力	
	……	
经济	规模与效益	
	产品与市场	√
	经营与管理	
	……	
外交	外交战略	
	国际合作	√
	外空军控	
	舆论法理	
	……	

从“星链”计划这一事件出发，对美国发展“星链”计划进行溯源，并从太空安全与信息网络安全、工业基础能力差距、全球太空治理体系、国际规则制定主导权、制约卫星互联网系统发展空间等角度，初步分析“星链”计划的影响。

综合考虑事件重要性、紧迫性、广泛性、针对性等方面因素，根据各维度综合得分，判断美国发展“星链”计划属于重大事件。对各因素的具体影响程度见表5－6。

表5－6　“星链”计划影响程度示例

影响要素		影响程度	影响时间
军事	军事装备	B＋	长期
政治	预算投入	B	长期
科技	技术创新能力	B＋	长期
经济	产品与市场	B	长期
外交	国际合作	B＋	长期

第六章　太空战略态势评估

世界风云变幻无常，充满许多不确定因素，太空领域也不例外。立起百年未有之大变局的历史方位，太空战略态势评估主要体现为对世界太空发展趋势的一种综合分析，为塑造安全稳定的太空战略态势布局提供决策支撑。定期开展太空战略态势评估，及时预警太空安全风险，营造有利战略态势，审时度势、因时而动、因势而变，对于维护太空安全意义重大。太空战略态势评估是太空战略评估的重要组成部分，是在太空实力评估和太空事件（行为）影响评估等研究的基础上，评估太空安全综合态势，用于规避太空活动的风险隐患。在复杂多变的国际形势下，太空战略愈发受到世界各国的高度重视，对太空战略综合态势评估，能够全面了解国家环境、国家态势，研判太空风险和威胁来源，审时度势，从国际战略力量对比等动态变化中把握国际格局演化趋势，合理配置太空战略资源和力量，有效降低风险和应对威胁，保障国家太空安全。

第一节　评估内容

态势是状态和形势的统称，它是一种状态、一种趋势，是一个整体和全局的概念，任何单一的情况或者状态都不能称之为态势。态势感知最早应用于军事领域，强调在敌人之前感知双方态势并采取一定措施的过程。随后，态势及其相关理论得到不断丰富和发展，并在不同领域进行发展和延伸。如在军事领域，态势评估一般是从数据融合的角度分析战场情况，对作战各方的作战部署和能力等进行综合表达，从而对敌方的行动意图和作战能力等进行辨识；态势评估是根据参战各方的作战力量部署、能力、活动、效能，对战场情景做出合理解释，并辨识对方兵力结构、部署、行动意图和作战计划的过程。2022 年 6 月，美国国际战略研究所在其官网上发布的战略报告《2022 年亚太地区安全评估》，即是对亚太地区战略态势进行评估。

可以理解，太空态势为有关太空活动的现状与未来发展趋势。其中，太空活动是指与太空相关的在太空、自太空、向太空以及过太空等行为。基于此理解，太空战略态势评估，旨在分析太空战略态势整体发展动态变化，结合太空实力现状，研判太空战略风险和威胁来源，把握整体格局，评估太空安全综合态势，合理配置太空战略资源和力量，支持太空力量管理、危机处置和装备建设等需要。

自 1997 年起，美国国家情报委员会每 4 年发布一次《全球趋势》报告，预测未来国际形势，评估影响全球战略环境的主要趋势，旨在为美国每届政府初期的政策制定者提供分析框架，为制定国家安全战略提供依据。近年来，美国战略与国际问题研究中心每年度发布的《太空威胁评估》报告，重在梳理全球太空技术尤其是对抗性武器现状，对具备太空实力国家的太空战略对抗能力进行评估。2022 年 4 月，战略与国际问题研究中心发布《太空威胁评估》第五版，对于理解太空领域不断变化的性质以及监测太空和反太空武器的趋势至关重要。这些都是属于典型的太空战略态势评估报告。

纵观人类历史，军事技术与战略战术发展始终伴随新型战略空间拓展与制高点争夺。在科技迅猛发展的推动下，作为除陆地、海洋、天空之外的“第四空间”，太空已经渐渐成为经济发展增长点、军事斗争新战场、国家安全新疆域，以及大国战略竞争制高点和全球安全治理新焦点。[①]

近年来，随着大国战略竞争愈演愈烈，主要国家均将太空技术作为优先发展目标，加快经略和进军太空，加速提升太空军事能力。这直接导致太空军事化不断加速，并呈现出新动向、新特点。主要国家太空力量的职能定位正从以信息支援为主向太空防护转变，围绕地月空间的博弈也开始进入人们的视野。未来，主要国家围绕太空主导权的争夺将更加激烈，国家间发生太空对抗冲突的风险不容忽视。历史上，围绕传统自然空间的争夺充满了硝烟。太空属于全人类，确保和平利用太空，不仅符合各国的共同利益，也是各国的共同责任。要避免历史上那些争夺的重演，国际社会应秉持合作共赢理念，坚持共商共建共享，共同在太空领域推动构建人类命运共同体。只有各国共同履行维护太空安全历史责任，开展太空安全国际合作，提高太空危机管控和综合治理效能，前瞻化解太空安全隐患，才能真正实现自由进出太空、高效利用太空、有效治理太空，才能让太空更好地增进人类福祉。

面对太空安全与发展新态势，紧紧围绕国家安全战略需求与太空领域特点规律，进一步拓宽战略视野、更新战略思维、前移指导重心，系统、深入、科学开展太空战略评估，力求把握国际太空战略形势，展示太空战略的新态势与新趋势，对整体运筹深远经略、塑造有利态势、综合管控危机具有重大战略意义，对维护太空安全、建设航天强国、推动构建太空领域人类命运共同体具有重大战略意义。

---

① 丰松江，何苗．维护太空安全是国际社会共同责任．解放军报，2022. 4. 7.

第二节　指标体系设计

太空战略态势评估，主要是在既定战略判断和战略决策基础上，进一步具体明确当前及今后一段时间内面临的国际战略形势、周边安全环境、国内安全态势等，并将其作为统筹谋划太空力量运用与建设的前提依据。[①] 太空战略态势评估，可分为太空现实态势、发展态势评估两个大的方面。太空战略评估指标体系的设计，应注意从国家安全总体态势上进行考虑。

一、太空现实态势评估指标体系

太空现实态势评估，着重从自然环境影响、自然资源占有、装备建设、人员机构设置、战略理论发展、联盟力量构建、管理机制运行等当前太空战略领域情况进行分析，了解掌握当前所处太空战略状态形式。

表 6－1　太空现实态势评估指标体系设计示例

一级指标	二级指标	三级指标
政治实力	国家层面的领导管理能力	太空领导组织体系
		太空国防体制与国防战略匹配性
	战略政策	航天政策层级及领域
		航天战略政策预见性
		航天军民融合战略

① 肖天亮．战略学．北京：国防大学出版社，2020.

续表

一级指标	二级指标	三级指标
装备建设	太空防护能力	主动性能力
		被动性能力
	太空任务支持能力	航天器发射能力
		在轨运输与转移能力
		测控运控能力
	天基信息支援能力	天基信息获取能力
		天基信息传输能力
		导航/定位/授时体系能力
	太空态势感知能力	太空域感知能力
		导弹预警体系能力
人员机构设置	人员与配置	人才规模
		人才效能
	组织机构建设	航天组织机构现状
		民用航天组织机构现状
		商业航天组织机构现状
战略理论发展	太空力量建设与运用理论	运用理论全局性
		运用理论实用性
		运用理论预见性
	太空发展战略	太空发展战略指导性
		太空发展战略配套性
		太空发展战略可操作性
联盟力量构建	联盟力量现状	航天领域同盟数量
		航天外部力量与本国合作次数
		航天外部力量与本国合作程度
		航天领域本国驰援能力
	国际合作	空间态势感知数据共享
		联合研制与发射
管理机制运行	组织指挥	组织指挥机构
		组织指挥级别
	建设管理	机构
		机构级别

续表

一级指标	二级指标	三级指标
军民商现状	卫星数量	军事卫星数量
		民用卫星数量
		商业卫星数量
	卫星性能	军事卫星性能
		民用卫星性能
		商业卫星性能
自然环境影响	空间自然灾害	近地空间物体处理能力
		空间自然环境处理能力
	空间自然监测	太阳活动水平监测能力
		地球辐射带监测能力
自然资源占有	空间碎片	空间碎片探测与编目
		空间碎片产生
		空间碎片移除
	频谱与轨道资源	已占有频谱
		已占有轨道
		按规划新占用
		无序占用

二、太空发展态势评估指标体系

太空战略态势可能不断发生变化。太空发展态势评估，着重从技术储备、工业基础建设、国防经济投入、人才培养发展、合作交流拓展等方面，分析了解掌握太空安全发展趋势与重点方向，预见发展中的风险、挑战与机遇。

表 6－2　太空发展态势指标体系设计示例

一级指标	二级指标	三级指标
技术储备	前沿技术研究	定向能技术
		多普段隐身技术
		干扰攻击技术
		增材制造技术
		量子技术
		太赫兹技术
		增强现实技术
	太空专利数量	有效专利数量及占比
		有效发明专利数量（万件）
	太空关键技术储备	先进科技知识研究与储备
		核心元器件自主可控能力
		核关高材料自主可控能力
工业基础建设	航天器制造能力	年出厂航天器数量
		年出厂航天器总质量（kg）
	工业基础能力	工业基础完整性
		先进科研装备的研制能力
	航天企业规模效益	先进航天企业数量
		航天企业资产总额（亿美元）
		航天企业营业收入（亿美元）
经济投入	军民商太空预算	军事太空预算
		民用太空预算
		商业太空预算
	军民商预算 GDP 占比	军事太空预算 GDP 占比
		民用太空预算 GDP 占比
		商业太空预算 GDP 占比
人才培养发展	教育与科研机构建设	专业高校的数量
		航天领域科研机构数量
	人力资源储备	航天科研人员结构现状
		重要科技人才的引进与储备

续表

一级指标	二级指标	三级指标
合作交流拓展	国际主导能力	主导大型合作项目参与国数量
		主导航天国际合作项目的数量
		航天领域国际标准主导能力
		国际专利申请累计受理量
	国际合作与交流	举办航天重大国际活动的数量
		组织国际会议的次数
		参与航天领域国际组织的数量
太空事件	太空事件类型	型号立项发射
		政策法规颁布
		技术研发创新
		组织机构变革
		重大演习演训
		太空探索成果
		太空冲突与碰撞
	太空事件影响	特大事件
		重大事件
		重要事件
		一般事件

第三节　评估案例

基于太空战略态势评估指标体系研究，采用相关数据处理分析、评估模型和方法，开展太空战略态势评估案例分析，可支撑优化重塑太空力量结构、前瞻预设力量布局、构建完善力量体系等战略决策。

一、指标权重与数据处理分析计算

一级指标、二级指标、三级指标权重采用专家打分法确定，各个指标权重的准确性与专家的知识和经验积累紧密相关，如表6-3所示。

表6-3 太空战略态势指标权重值示例

评估维度	评估维度指标权重	一级指标	一级指标权重	二级指标	二级指标权重	三级指标	三级指标权重
现实态势	0.55	政治实力	0.1	国家层面的领导管理能力	0.55	太空领导组织体系	0.55
						太空国防体制与国防战略的匹配性	0.45
				战略政策	0.45	航天政策层级及领域	0.35
						航天战略政策预见性	0.33
						航天军民融合战略	0.32
		装备建设	0.25	太空防护能力	0.31	主动性能力	0.53
						被动性能力	0.47
				太空任务支持能力	0.22	航天器发射能力	0.4
						在轨运输与转移能力	0.25
						测控运控能力	0.35
				天基信息支援能力	0.18	天基信息获取能力	0.35
						天基信息传输能力	0.3
						导航/定位/授时体系能力	0.35
				太空态势感知能力	0.29	太空域感知能力	0.57
						导弹预警体系能力	0.43
		人员机构设置	0.15	人员与配置	0.6	人才规模	0.5
						人才效能	0.5
				组织机构建设	0.4	航天组织机构现状	0.4
						民用航天组织机构现状	0.3
						商业航天组织机构现状	0.3
		战略理论发展	0.1	太空力量建设与运用理论	0.5	运用理论全局性	0.4
						运用理论实用性	0.3
						运用理论预见性	0.3

续表

评估维度	评估维度指标权重	一级指标	一级指标权重	二级指标	二级指标权重	三级指标	三级指标权重
现实态势	0.55	战略理论发展	0.1	太空发展战略	0.5	太空发展战略指导性	0.35
						太空发展战略配套性	0.3
						太空发展战略可操作性	0.35
		联盟力量构建	0.08	联盟力量现状	0.65	航天领域同盟数量	0.25
						航天外部力量与本国合作次数	0.15
						航天外部力量与本国合作程度	0.35
						航天领域本国驰援能力	0.25
				国际合作	0.35	空间态势感知数据共享	0.7
						联合研制与发射	0.3
		管理机制运行	0.11	组织指挥	0.7	组织指挥机构	0.5
						组织指挥级别	0.5
				建设管理	0.3	机构	0.45
						机构级别	0.55
		军民商现状	0.11	卫星数量	0.45	军事卫星数量	0.4
						民用卫星数量	0.3
						商业卫星数量	0.3
				卫星性能	0.55	军事卫星性能	0.4
						民用卫星性能	0.3
						商业卫星性能	0.3
		自然环境影响	0.05	空间自然灾害	0.5	近地空间物体处理能力	0.5
						空间自然环境处理能力	0.5
				空间自然监测	0.5	太阳活动水平监测能力	0.5
						地球辐射带监测能力	0.5

续表

评估维度	评估维度指标权重	一级指标	一级指标权重	二级指标	二级指标权重	三级指标	三级指标权重
现实态势	0.55	自然资源占有	0.05	空间碎片	0.32	空间碎片探测与编目	0.35
						空间碎片产生	0.3
						空间碎片移除	0.35
				频谱与轨道资源	0.68	已占有频谱	0.3
						已占有轨道	0.3
						按规划新占用	0.25
						无序占用	0.15
发展态势	0.45	技术储备	0.21	前沿技术研究	0.3	定向能技术	0.2
						多普段隐身技术	0.15
						干扰攻击技术	0.15
						增材制造技术	0.15
						量子技术	0.15
						太赫兹技术	0.1
						增强现实技术	0.1
				太空专利数量	0.25	有效专利数量及占比	0.3
						有效发明专利数量（万件）	0.7
				太空关键技术储备	0.45	先进科技知识研究与储备	0.3
						核心元器件自主可控能力	0.35
						核关高材料自主可控能力	0.35
		工业基础建设	0.23	航天器制造能力	0.35	年出厂航天器数量	0.5
						年出厂航天器总质量（kg）	0.5
				工业基础能力	0.35	工业基础完整性	0.45
						先进科研装备的研制能力	0.55
				航天企业规模效益	0.3	先进航天企业数量	0.3
						航天企业资产总额（亿美元）	0.35
						航天企业营业收入（亿美元）	0.35

续表

评估维度	评估维度指标权重	一级指标	一级指标权重	二级指标	二级指标权重	三级指标	三级指标权重
发展态势	0.45	经济投入	0.22	军民商太空预算	0.5	军事太空预算	0.4
						民用太空预算	0.3
						商业太空预算	0.3
				军民商预算 GDP 占比	0.5	军事太空预算 GDP 占比	0.4
						民用太空预算 GDP 占比	0.3
						商业太空预算 GDP 占比	0.3
		人才培养发展	0.23	教育与科研机构建设	0.55	专业高校的数量	0.5
						航天领域科研机构数量	0.5
				人力资源储备	0.45	航天科研人员结构现状	0.65
						重要科技人才的引进与储备	0.35
		合作交流拓展	0.06	国际主导能力	0.5	主导大型合作项目参与国数量	0.28
						主导航天国际合作项目的数量	0.26
						航天领域国际标准主导能力	0.24
						国际专利申请累计受理量	0.22
				国际合作与交流	0.5	举办航天重大国际活动的数量	0.4
						组织国际会议的次数	0.4
						参与航天领域国际组织的数量	0.2
		太空事件	0.05	太空事件类型	0.5	型号立项发射	0.15
						政策法规颁布	0.1
						技术研发创新	0.2
						组织机构变革	0.1
						重大演戏演训	0.13
						太空探索成果	0.2
						太空冲突与碰撞	0.12

续表

评估维度	评估维度指标权重	一级指标	一级指标权重	二级指标	二级指标权重	三级指标	三级指标权重
发展态势	0.45	太空事件	0.05	太空事件影响	0.5	特大事件	0.4
						重大事件	0.3
						重要事件	0.2
						一般事件	0.1

二、太空战略态势评估结果

太空战略态势评估二级、三级指标得分如表6－4所示，太空战略态势得分、评估维度得分、一级指标得分，具体计算结果如表6－5所示。

表6－4 太空战略态势评估结果得分示例

综合得分		综合得分差距	评估维度指标	评估维度指标得分		评估维度指标分差	一级指标	一级指标得分	
某国	某地区			某国	某地区			某国	某地区
91.21094	49.40664	41.80	现实态势	92.84662	44.09671	48.74992	政治实力	100	45
							装备建设	87.31986	57.31038
							人员机构设置	91.8901	53.8301
							战略理论发展	100	23.3333
							联盟力量构建	85.4	37.175
							管理机制运行	100	25.16655
							军民商现状	91.73764	48.63134
							自然环境影响	100	35
							自然资源占有	86.2	40.38998

续表

<table>
<tr><th colspan="2">综合得分</th><th rowspan="2">综合得分差距</th><th rowspan="2">评估维度指标</th><th colspan="2">评估维度指标得分</th><th rowspan="2">评估维度指标分差</th><th rowspan="2">一级指标</th><th colspan="2">一级指标得分</th></tr>
<tr><th>某国</th><th>某地区</th><th>某国</th><th>某地区</th><th>某国</th><th>某地区</th></tr>
<tr><td rowspan="6">91. 21094</td><td rowspan="6">49. 40664</td><td rowspan="6">41. 80</td><td rowspan="6">发展态势</td><td rowspan="6">89. 21177</td><td rowspan="6">55. 89656</td><td rowspan="6">33. 31522</td><td>技术储备</td><td>89. 33505</td><td>59. 61248</td></tr>
<tr><td>工业基础建设</td><td>92. 78584</td><td>52. 40137</td></tr>
<tr><td>经济投入</td><td>94. 05005</td><td>35. 68025</td></tr>
<tr><td>人才培养发展</td><td>82. 315</td><td>69. 9325</td></tr>
<tr><td>合作交流拓展</td><td>83. 0035</td><td>64. 92906</td></tr>
<tr><td>太空事件</td><td>90. 14</td><td>69. 915</td></tr>
</table>

表 6－5　太空战略态势评估二级、三级指标得分示例

<table>
<tr><th colspan="2">二级指标得分</th><th rowspan="2">三级指标</th><th colspan="2">国家或地区三级指标规范化得分</th></tr>
<tr><th>某国</th><th>某地区</th><th>某国</th><th>某地区</th></tr>
<tr><td rowspan="2">100</td><td rowspan="2">0</td><td>太空领导组织体系</td><td>100</td><td>0</td></tr>
<tr><td>太空国防体制与国防战略的匹配性</td><td>100</td><td>0</td></tr>
<tr><td rowspan="3">100</td><td rowspan="3">100</td><td>航天政策层级及领域</td><td>100</td><td>100</td></tr>
<tr><td>航天战略政策预见性</td><td>100</td><td>100</td></tr>
<tr><td>航天军民融合战略</td><td>100</td><td>100</td></tr>
<tr><td rowspan="2">65</td><td rowspan="2">65</td><td>主动性能力</td><td>100</td><td>40</td></tr>
<tr><td>被动性能力</td><td>100</td><td>50</td></tr>
<tr><td rowspan="3">98. 4466</td><td rowspan="3">51. 7238</td><td>航天器发射能力</td><td>96. 1165</td><td>36. 347</td></tr>
<tr><td>在轨运输与转移能力</td><td>100</td><td>36. 25</td></tr>
<tr><td>测控运控能力</td><td>100</td><td>80. 35</td></tr>
<tr><td rowspan="3">92. 895</td><td rowspan="3">56. 2402</td><td>天基信息获取能力</td><td>87. 2001</td><td>53. 15</td></tr>
<tr><td>天基信息传输能力</td><td>100</td><td>52. 154</td></tr>
<tr><td>导航/定位/授时体系能力</td><td>92. 5</td><td>62. 833</td></tr>
<tr><td rowspan="2">99. 2776</td><td rowspan="2">53. 9928</td><td>太空域感知能力</td><td>100</td><td>59. 653</td></tr>
<tr><td>导弹预警体系能力</td><td>98. 32</td><td>46. 49</td></tr>
</table>

续表

二级指标得分		三级指标	国家或地区三级指标规范化得分	
某国	某地区		某国	某地区
86.4835	46.3835	人才规模	72.967	39.24
		人才效能	100	53.527
100	65	航天组织机构现状	100	80
		民用航天组织机构现状	100	60
		商业航天组织机构现状	100	50
100	46.6666	运用理论全局性	100	66.667
		运用理论实用性	100	33.333
		运用理论预见性	100	33.333
100	0	太空发展战略指导性	100	0
		太空发展战略配套性	100	0
		太空发展战略可操作性	100	0
87.5	33.5	航天领域军事同盟数量	100	0
		航天外部力量与本国合作次数	80	50
		航天外部力量与本国合作程度	80	60
		航天领域本国驰援能力	90	20
81.5	44	空间态势感知数据共享	80	50
		联合研制与发射	85	30
100	16.6665	指挥机构	100	0
		指挥级别	100	33.333
100	45	机构	100	100
		机构级别	100	0
81.6392	34.7363	军事卫星数量	54.098	17.213
		民用卫星数量	100	69.668
		商业卫星数量	100	23.169
100	60	军事卫星性能	100	60
		民用卫星性能	100	60
		商业卫星性能	100	60

续表

二级指标得分		三级指标	国家或地区三级指标规范化得分	
某国	某地区		某国	某地区
100	30	近地空间物体处理能力	100	20
		空间自然环境处理能力	100	40
100	40	太阳活动水平监测能力	100	40
		地球辐射带监测能力	100	40
93	41.75	空间碎片探测与编目	100	22.857
		空间碎片产生	100	60
		空间碎片移除	80	45
83	39.75	已占有频谱	100	50
		已占有轨道	100	30
		按规划新占用	86	45
		无序占用	10	30
81.95	49.25	定向能技术	90	30
		多普段隐身技术	85	43
		干扰攻击技术	87	53
		增材制造技术	75	45
		量子技术	70	56
		太赫兹技术	86	50
		增强现实技术	78	87
100	57.8499	有效专利数量及占比	100	69.5
		有效发明专利数量（万件）	100	52.857
88.3335	67.5	先进科技知识研究与储备	100	50
		核心元器件自主可控能力	66.667	100
		核关高材料自主可控能力	100	50
100	5.11105	年出厂航天器数量	100	2.9442
		年出厂航天器总质量（kg）	100	7.2779
88.2	71.75	工业基础完整性	86	80
		先进科研装备的研制能力	90	65

续表

二级指标得分		三级指标	国家或地区三级指标规范化得分	
某国	某地区		某国	某地区
89.7195	85	先进航天企业数量	100	50
		航天企业资产总额（亿美元）	72.137	100
		航天企业营业收入（亿美元）	98.49	100
96.1	25.9604	军事太空预算	100	12.8
		民用太空预算	100	44.468
		商业太空预算	87	25
92.0001	45.4001	军事太空预算 GDP 占比	96	56
		民用太空预算 GDP 占比	91.667	41.667
		商业太空预算 GDP 占比	87	35
72.1	56.5	专业高校的数量	92	92
		航天领域科研机构数量	96	83
94.8	86.35	航天科研人员结构现状	92	79
		重要科技人才的引进与储备	100	100
91.3402	71.1913	主导大型合作项目参与国数量	100	39.969
		主导航天国际合作项目的数量	72.727	100
		航天领域国际标准主导能力	100	50
		国际专利申请累计受理量	92.869	100
74.6668	58.6668	举办航天重大国际活动的数量	66.667	66.667
		组织国际会议的次数	70	80
		参与航天领域国际组织的数量	100	0
86.78	67.83	型号立项发射	95	67
		政策法规颁布	96	87
		技术研发创新	98	86
		组织机构变革	91	72
		重大演习演训	91	56
		太空探索成果	97	78
		太空冲突与碰撞	25	15

续表

二级指标得分		三级指标	国家或地区三级指标规范化得分	
某国	某地区		某国	某地区
93.5	72	特大事件	91	56
		重大事件	93	81
		重要事件	96	83
		一般事件	100	87

第七章　太空战略智能化评估

知己知彼，百战不殆。面临太空安全战略领域信息超海量产生、急剧扩散、真假混杂，数据处理、搜索、识别难度越来越大等信息高度不确定的决策环境，着眼国家利益、拓展安全需求，立起以科学、高效、智能为核心特征的太空战略智能化评估概念，充分利用信息化、网络化、智能化技术发展红利，创新发展太空战略评估智能化技术，探索太空战略智能化评估方法路径，引领太空战略智能化评估方向发展，为从新的历史起点、新的时代坐标、新的发展方位谋划太空战略发展提供智力支撑。

第一节　内涵外延

太空战略评估，旨在面对错综繁杂、瞬息万变的太空安全态势演化，基于太空战略评估理论方法，研判主要国家太空实力，评估太空战略环境现状、发展趋势，明晰维护太空安全能力提升策略途径，达到以评促备与以评促建、有效应对太空安全风险与威胁挑战的目的。

智能科技作为当前处于最前沿、最具影响力的战略性领域，具有渗透各军事领域、改变未来战争形态和作战规则的泛在性颠覆性等特点。同样，基于深度学习、大数据、智能芯片、脑科学、先进计算、认知科学等技术发展与应用，智能化评估既是太空战略评估技术发展的需求，也是大势所趋。

太空战略智能化评估，即通过智能化手段，突破国内外太空理论、太空组织、太空装备、太空技术、太空演训、太空自然环境、太空碎片、太空事件以及太空地缘政治、太空经济、太空外交等太空安全态势超海量信息综合处理评估等能力瓶颈，提高评估太空战略新情况、新趋势、新特点，研判太空安全威胁行为战略意图、短板弱项，确定太空安全主要威胁挑战等方面的效率与水平，在太空安全战略制定、太空力量建设与运用等工作中，具有“评明启后、号脉开方”的重大意义。

在信息化智能化加速融合发展的时代，面对太空安全态势的急剧演化，太空战略智能化评估将成为高效研判太空安全风险挑战、有效维护太空安全的立足点和出发点。虽然军事智能科技发展尚处于初步阶段，但也为包括太空战略态势智能化评估在内的多个领域的跨越发展提供了重要机遇。

太空战略特别是安全态势智能化评估作为维护太空安全的重要环节和辅助决策的重要手段，不但可为国家发展太空、建设航天强国提供决策依据和方向认知，而且在很大程度上影响甚至决定着太空领域建设发展的方向性与有效性。特别是作为一种重要的辅助决策技术，态势评估已经在现代作战中发挥了广泛的应用。及时有效地组织太空战略态势评估，不但对增强高层决策的科学性、全面提高太空能力建设质量具有重要作用，而且对制胜未来战争也有着巨大的战略意义和军事价值。例如，太空战略态势评估作为指挥控制系统的一部分，将有力提高指挥控制能力，增强决策的科学性和实用性；作为太空态势感知能力的深化，将有效增强太空态势信息利用效率，利于揭示对方意图、评估威胁风险等。

第二节　主要任务

太空战略智能化评估，是基于智能科技等，运用定性与定量相结合的方法来研究太空战略态势评估等问题，既是一个正在兴起的前沿性研究领域，也是一个具有重大现实意义的应用课题。对此，首先，需要研究回答太空战略智能化评估评什么、用什么样的方法评等基本问题。目前，业内对太空战略智能化评估内容体系的认识尚没有形成一致意见。比如，从太空安全综合态势看，太空战略智能化评估的内容涉及太空军事、科技、经济、外交、地缘政治等方面；从太空安全事件评估看，则包括太空战略政策出台、技术装备升级、演习训练活动、太空试验活动以及机构变革等方面。对于怎么评的问题，则需要从设计智能化评估模型体系和系统框架、发展智能化评估理论与方法、研发智能化评估系统等方面入手进行研究。

太空战略智能化评估是智能化条件下战略研究与科学评估的结合，隶属战略评估范畴，具有战略评估相应的指向性、全局性、综合性、启发性、高度聚合性以及定性与定量相结合等特点。同时，太空战略智能化评估也属于国防军事评估范畴，主要对太空领域国际博弈与军事竞争等战略态势、热点事件，以及国内外太空安全领域正在实施的重大改革举措、建设规划计划和重点建设项目等进行考察、评价和估量，以回答事关太空领域力量建设与运用的有关重大现实性战略问题，如总体态势、各方战略意图、安全威胁性质、冲突和战争的可能性、应对威胁战略能力优势劣势等，具有目的明确、内容系统、重点突出等特点。在评估过程中，需要依托智能化评估系统研发，基于多种智能科技与评估分析手段，结合智能化的信息支持、建模计算与推演分析，解决太空领域面临的实际战略问题，评估结论可直接支撑决策和战略管理。

随着军事智能化技术的发展，未来的智能化战争需要快速决策、自主决策。这就需要利用人工智能等技术开展智能化军事评估，生成快速、精准的辅助决策信息，实现智能化决策。面对太空安全态势数据量短时爆发、数据种类庞杂、数据关联复杂等特点，智能科技在太空战略态势评估中的应用，正是新型的以及传统的评估理论方法与大数据、云计算、人工智能等新技术新方法的有效组合，将从大量的多源、异构、动态数据中智能综合信息，大幅提升太空战略态势评估目的个性化分析、数据自主分析挖掘、指标体系自动构建、指标权重自适应调整、评估方法组合优化、评估结果按需自动推送等能力，从而快速高效得出可理解、可信的评估结论，为维护太空安全科学决策与高效行动提供支撑。

第三节　理论方法

同样，太空领域作为国家安全的新兴领域，太空战略评估首先要解决的就是理论方法问题。构建太空战略评估理论方法体系，需要着力解决是什么、怎么样和怎么办三类问题。其中，怎么样，就是要在“是什么——构建太空战略评估基础理论框架”基础上，构建太空战略智能化评估理论方法并开展相关研究，回答“怎么样——太空战略智能化评估指标设计、评估方法选取运用、太空领域面临的机遇与挑战等”问题，同时为回答“怎么办——太空领域战略目标、战略原则、战略构想、战略概念、战略举措等”问题奠定基础。

国内外相关研究可为建立太空战略智能化评估理论方法提供借鉴。世界主要国家军队均将评估作为国家安全、军队建设和战争准备不可或缺的重要环节。如果说兵棋推演的核心价值在于“不仅能够提供良好的计划，而且能促使人们比敌人思考得更多，反应得更快，从而获得重要的先机优势”的话，那么兰德公司所研发的兰德战略评估系统的核心价值就是“开创了现代美国战略评估与战略分析的新思维、新方法、新纪元”。正是兰德战略评估系统率先将人工智能和作战建模技术用于兵棋推演，作为美军最早的一套自动化、电脑化的模拟推演系统，该系统及其后续版本——联合一体化应急模型不仅为美国国防部净评估办公室和国防部其他军事部门提供了一套有力的战略研究和战略指导分析工具，还为美军各军种提供了高效率的作战训练和学习分析工具。①

从 1996 年开始，美军连续 8 年组织防务评估。比如，在太空安全领域，就国外而言，美国富创公司连续多年发布《世界航天竞争力指数报告》，美国国防部情报局、战略与国际问题研究中心连续多次同步发布《太空安全挑战》与《太空威胁评估》报告，加拿大智库犁铧项目 2016 年发布《全球太空安全态势评估》报告。在国内，祁先锋等提出了空间战场态势评估的主要任务和特点，建立了空间战场态势评估的功能模型。② 2014 年 4 月 17 日，中国航天科技集团公司一院钱学森运载火箭技术实验室太空态势评估课题组发布了我国首份《太空态势评估报告》，从基础、策略、环境条件三个层次，全面展示了国际太空活动相关领域的现状，建立了独具特色的太空态势评估体系，并从学术研究的角度独立评估了未来太空发展趋势。③ 2016 年起，北京空间科技信息研究所连续多年发布《世界航天能力发展评估报告》，力图长期、持续地量化评估世界主要航天国

① 孟大伟，赵家好，胡良辉．兰德战略评估系统 4.6 版解读．北京：航空工业出版社，2015.

② 祁先锋，刘列励．空间态势评估初探．空间电子技术，2010（2）：10－15.

③ 我国首个《空间态势评估报告》发布．科技创新导报，2014（13）：1.

家或地区的航天能力发展变化情况，为我国航天事业发展提供针对性建设性的对策建议。另外，从我军已开展的战略评估相关工作看，主要包括国防科技和武器装备发展战略研究与评估分析、重大作战问题评估分析、建设（研究）规划落实检验评估以及国家安全形势评估、国防和军队建设验证评估、军事实力对比评估等方面，主要采用定性评估、运筹分析、兵棋推演和作战模拟等方法，重点是对双方具有的优势、劣势、机遇、威胁等进行综合比较分析。[①] 总体上看，上述研究形成的理论方法等，为太空战略智能化评估提供了重要借鉴。

对于太空战略态势评估，由于评估内容复杂、评估对象和因素众多，再加上评估者认识能力有限、评估手段不够先进等诸多因素，对准确开展评估工作提出严峻挑战。比如，面对海量的太空安全态势数据，须从中智能高效地提取评估所需有价值的信息并科学得出相关结论，及时为决策者等提供支撑。为此，在建立太空安全态势智能化评估理论方法的过程中，需把握以下五个方面基本要求：一是从统筹太空安全与政治、经济、外交、军事、国土、网络等领域安全以及倡导太空人类命运共同体理念等方面，着眼太空安全的战略全局整体地进行研究；二是从太空安全战略、科技、博弈等方面，着眼太空安全本身的规律特点客观地进行研究；三是从太空安全技术发展与国际竞争大势，着眼太空安全的历史演化动态地进行研究；四是从维护太空安全与发展利益、打赢未来战争等方面，着眼太空安全防护与赋能增效联合作战系统地进行研究；五是从军事智能科技等与太空安全态势评估融合发展等方面，着眼太空安全态势评估智能化科学化高效化创新地进行研究。另外，航天技术综合集成、

---

① 李牧知，关永．美军战略评估基本情况及对我启示．军事运筹与系统工程，2018（1）：11－14.

卫星应用广泛延伸、空间环境与太空安全风险增多等特点，决定了太空安全态势评估的复杂性与多样性，对评估的科学性、客观性与严谨性等提出更高要求。为此，在智能化评估理论方法构建过程中，需把握综合性与完备性、科学性与可行性、可测性与可比性、即时性与前瞻性相结合相统筹的原则。

常见的智能评估方法有人工神经网络法、组合智能评估方法、遗传算法、模糊数学方法、粗糙集方法等，可以解决复杂系统评估中的大规模信息处理、不确定性评估模型以及评价知识挖掘等难点问题。[①] 比如，胡晓峰等对基于“深度学习”的军事战场态势智能化感知评估进行了研究。[②] 陈娟等提出了一种基于组合智能模型的无人机作战需求方案质量评估方法，设计了基于神经网络的智能评估模型。[③] 田福平等提出了一种基于模糊综合评判与作战模拟仿真相结合的作战方案综合评估方法。[④]

上述方法为太空战略智能化评估研究提供了重要借鉴，但针对太空战略态势评估面临的数据多源、多模态、高动态等特点，需要综合运用大数据、云计算和深度学习等新方法新技术，重点开展以下四个方面的研究：一是进一步深化大数据环境下太空战略态势评估线索数据实时分析与深度挖掘技术研究；二是创新复杂体系环境下“数据－信息－知识－决策”一体化的智能化评估模型算法；三是构建“人－机结合、人－网结合”的高度智能化评估模型体系；四是研发集指标体系模块、样本库模块、机器学习模块、评估模块、

---

① 靳立中，战晓苏，郭鑫．智能化军事评估理论探析．军事运筹与系统工程，2018（4）：9－12.

② 朱丰，胡晓峰．基于深度学习的战场态势评估综述与研究展望．军事运筹与系统工程，2016（3）：22－27.

③ 陈娟，王书敏，王世贵．基于组合智能模型的无人机作战需求方案质量评估方法．装备学院学报，2015（6）：28－32.

④ 田福平，汶博，熊志纲．基于模糊综合评判与作战模拟的作战方案评估．指挥控制与仿真，2016（3）：28－32.

人机交互模块等于一体的人机融合太空战略智能评估平台。在此基础上，发挥综合优势、整体优势和智能优势，系统深入开展太空战略智能化评估工作。

第四节　体系设计

太空安全态势智能化评估是太空决策、太空活动的基础和支撑，是太空战略智能化评估的重要工作，可以此为例，并基于前述章节研究基础，开展体系设计研究。太空安全态势智能化评估的内容体系设计重点涵盖太空实力评估、太空事件（行为）影响评估、太空战略综合态势评估等三个方面，内嵌相应智能评估模型和基础数据。同时，着眼长远建设发展，其体系设计也是开放的，可动态增加评估内容与调整相关模块或系统，支持数据学习与模型改进。

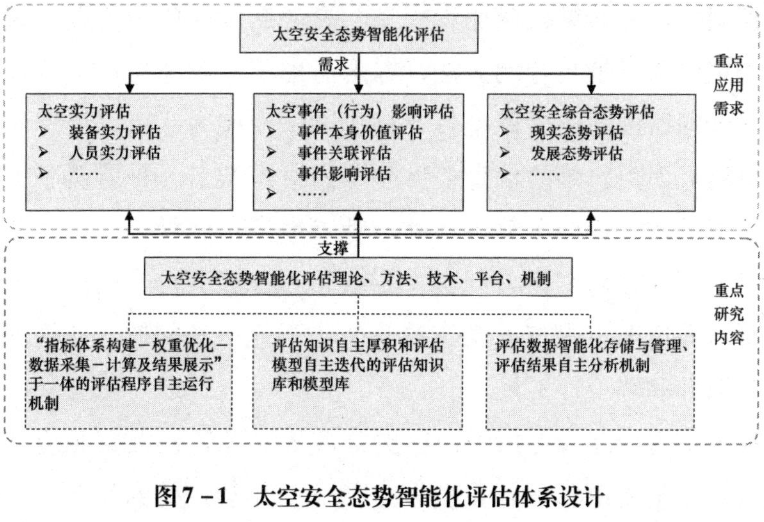

图7－1　太空安全态势智能化评估体系设计

太空安全态势智能评估平台运行机制是有效完成任务的支撑。

上述太空安全态势智能评估工作的实施，需要以构建太空安全态势智能评估平台为支撑：一是建立“指标体系构建－指标权重优化－指标数据采集－评估计算及结果展示”于一体的评估程序自主运行机制，高效处理海量数据信息，提升评估效率和实时性。二是构建评估知识自主厚积和评估模型自主迭代的评估知识库和模型库，智能收集分析研判情报，提升评估准确性和可信度。三是建立评估数据智能化存储与管理、评估结果自主处理机制，快速提供精准辅助决策，提升评估结果的自主应用能力。在太空安全态势智能评估过程中，还需要坚持人对智能评估过程的控制权、主导权和最终裁决权，实现人机互融的太空安全态势智能评估。

第五节　研究探索

国内外态势智能评估的主要技术可以归结为三类：决策理论的评估模型、神经网络模糊逻辑模型、贝叶斯网络模型。决策理论模型采用定性和定量结合的方法，综合考虑了影响态势评估的各种因素；神经网络模糊逻辑模型具有良好的适应能力，可以处理更复杂的、更接近人类思维的信息；贝叶斯网络模型是一种对概率关系的有向图解描述，适用于解决不确定性和概率性问题。但大多数态势评估模型都存在对固定各因素特定权重考虑较充分，而对在各因素相互影响等情况下的权重动态计算考虑不充分的问题，使得评估模型的相对性和客观性不足。

在太空安全态势评估中，层次分析法（AHP）及其相应的变形改进方法是常用的指标权重获取方法，充分利用专家经验，反映出指标的相对重要度，进而给出各指标的加权权重。但 AHP 是将复杂的问题分解成各个组成因素，按自上而下的层次关系，形成有序的递阶层次结构，层次内部是相互独立的，没有考虑到元素之间可能存在的相互依存关系，这与实际情况往往是不相符的。

综合考虑在评估中存在的以上问题，探索设计基于 ANP 的相对威胁度评估模型。考虑指标要素间存在的相互影响关系，以 ANP 方法获取指标权重，并且细致考虑复杂情况下各要素的动态影响变化，以和差的形式引入相对态势多维度评估模型，更好地对指定目标进行评估。这种核心算法已经应用在网络安全态势评估、军事威胁评估等多个领域。太空安全态势评估模型正是建立在该模型（含 ANP 求解算法）的基础上，智能提取太空安全专属要素实体，形成太空安全评估要素组，并根据各要素组之间的相互影响动态计算各要素权重，进而进行重点国家太空安全态势评估、太空安全事件分析评估和太空安全重点人物分析评估等工作。

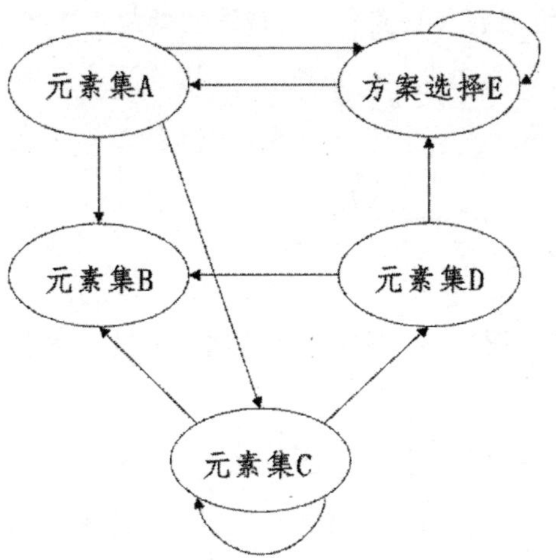

图 7－2　相对威胁度评估模型

基于上述模型研究，以重点国家太空安全态势评估为例，设置太空军事、太空科技、太空外交、太空地缘政治、太空经济 5 个要素组，每个要素组中按与太空安全相关的国家、机构、人物、职务、时间、场合、军事行动、合约协定、联盟合作、武器、科技研发、经济等实体进行智能要素识别。

在此基础上，利用相对威胁度评估模型内含的 ANP 算法进行权重计算，先进行各相关组的判断矩阵的两两比较，并计算其权重，对组内和组与组之间的相关元素逐个进行两两比较，计算各判断矩阵的相对权重，按顺序构造出初始超矩阵，进而求取极限超矩阵，得到最终排序结果，如图 7－3 所示。随着机器学习训练的不断深入，要素集的抽取也将更加完善，评估结果也会更加准确。最后得出的结果为各要素指标权重。

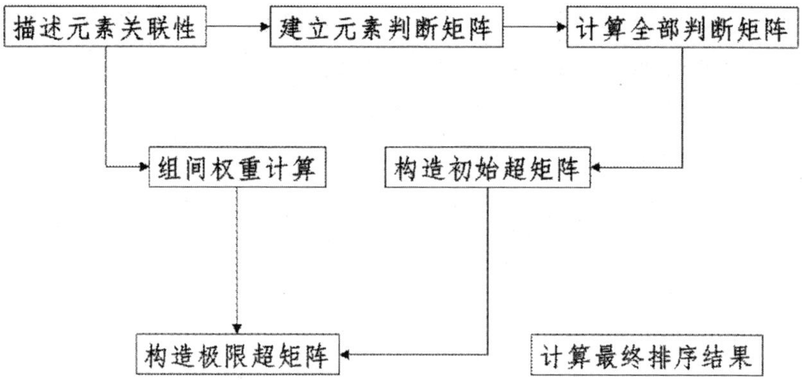

图 7－3　各要素指标权重计算过程示例

要素量化分值计算过程示例如下：一是主观直接赋值，对指标直接进行赋值，赋值范围 0－100。二是主观区间赋值，对指标进行排序，对排序进行赋值，如排序 1 的为 100，排序 2 为 90 等，或者对排序区间进行赋值，如排序 1－5 的为 100，5－10 的为 90 等。

对量化的数据用离差标准化算法、对数函数转换赋值方法进行赋值。赋值区间为 0－100。在此基础上，进行离差标准化赋值、对数函数转换赋值后，对各要素加权求和得出最后评估结果。

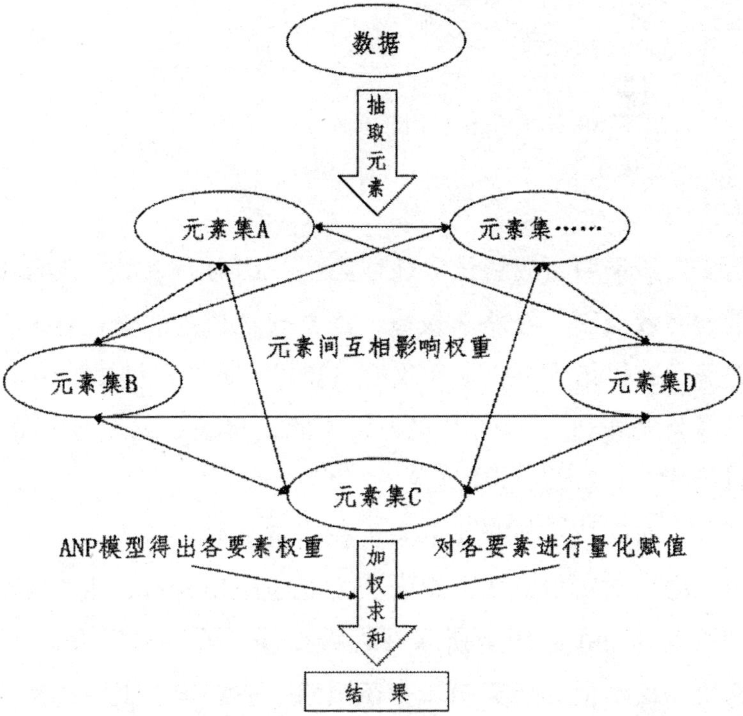

图7-4　评估计算过程示例

后　记

历史实践证明，战略优势往往源自一国对新领域、新疆域的率先拓展和有效控制。经略新领域，需要国家长远战略设计和长期战略运筹，只有以最优方式发动政治、经济、军事、科技等多重引擎，优先发展与之相适应的国家实力，才能进得去、站得住、立得稳，才能可持续、有后劲、走得远。

当前，航天技术与产业革命正在跨越临界点、进入突变期，太空竞争正由太空实力竞争向综合实力竞争战略转进，人类探索、开发、利用太空正在经历前所未有之大变局、前所有未有之大发展。变中有机。面对世界航天领域变革浪潮，前瞻抢占太空优势在重塑国际格局、谋求博弈胜势中的重要战略意义，系统深入开展太空战略评估，识变、应变、求变，可为抢抓当前换挡提速关键机遇期、加快构建大空领域一体化战略体系和能力提供重要决策咨询参考。

既然选择了远方，便只顾风雨兼程。正是对太空战略评估的重大意义的深刻认识，驱动着我们积极探索思考太空战略评估的理论与方法，以期为科学、高效、全面、深入地开展太空战略评估工作提供理论基础。在此，特别感谢给予我们指导、帮助和支持的各位同仁。当然，由于太空战略评估研究刚刚起步，太空领域的发展也日新月异，后续我们将不断迭代完善太空战略评估相关理论方法、指标体系等，以期继续为运筹太空战略选择出力助力。

路漫漫其修远兮，吾将上下而求索！

图书在版编目（CIP）数据

太空战略评估/丰松江等编著．—北京：时事出版社，2022.12
ISBN 978-7-5195-0524-0

Ⅰ.①太…　Ⅱ.①丰…　Ⅲ.①航空航天工业—工业发展战略—评估—中国　Ⅳ.①F426.5

中国版本图书馆 CIP 数据核字（2022）第 202051 号

出 版 发 行：时事出版社
地　　　址：北京市海淀区彰化路 138 号西荣阁 B 座 G2 层
邮　　　编：100097
发 行 热 线：（010）88869831　88869832
传　　　真：（010）88869875
电 子 邮 箱：shishichubanshe@sina.com
网　　　址：www.shishishe.com
印　　　刷：北京良义印刷科技有限公司

开本：787×1092　1/16　印张：10.75　字数：144 千字
2022 年 12 月第 1 版　2022 年 12 月第 1 次印刷
定价：70.00 元